Island

SOUL PLACES

Sabine Burger
Alexander Schwarz

Góðan daginn,

... *og velkomin á Íslandi,* dieser sagenumwobenen Insel weit draußen im Nordatlantik. Jahrhundertelang hatten die Isländerinnen und Isländer nur wenig Kontakt zur Außenwelt, was die Winter noch dunkler und die Sommer noch heller machte. Das raue Klima auf der Insel prägt die Seele dieses Volkes, dessen Anfänge im 9. Jahrhundert sich heute so spannend wie brutal lesen: So waren die ersten Isländer in Norwegen für vogelfrei erklärte Straftäter, die ersten Isländerinnen Frauen von den Hebriden, die von den Männern entführt wurden.

In einem Land, dessen faszinierende Natur in Form von riesigen Gletschern mit ihren sich stets verändernden Eismassen und aktiven Vulkanen mit einem Wechselspiel aus rumorender Erde, feuerspeienden Bergen und dampfenden Lavaströmen sich ständig neu gestaltet, sind auch die Bewohnerinnen und Bewohner erstaunlich unkonventionell, kreativ und spontan. Alles scheint möglich und für jedes Problem findet sich eine Lösung.

Das isländische Volk liebt seine Traditionen und hält sie nicht nur in Ehren, sondern hat sie oft in den Alltag integriert. Die Welt aus sichtbaren und unsichtbaren Wesen, die auch die Erzählungen und Lieder der Sagas und Eddas bevölkern, hat dabei einen beachtlichen Einfluss auf das Inselleben. Neben den Lebewesen, die sich dem menschlichen Auge ohne Weiteres zeigen – ohne Pferde und Schafe wäre ein Überleben jahrhundertelang unmöglich gewesen – sind die Isländerinnen und Isländer auch von *Huldufólk* umgeben, den verborgenen Völkern, zu denen die Elfen, Trolle, Zwerge und Riesen gehören.

Wir freuen uns, Ihnen die Seele Islands, diese einzigartige Mischung aus extremer Natur und unglaublicher Geschichte in 80 Soul Places näherbringen zu dürfen.

Sabine Burger und
Alexander Schwarz

Inhalt

1 Soziale Interaktion im heißen Wasser – Hot Pots.

2 Sprache verbindet. Ein rundum schützenswertes Gut.

3 Das Alþingi – Zentrum der Demokratie.

4 Essen für Tollkühne. Die Speisen beim Þorrablót.

5 Sjómannadagur. Ein Fest zu Ehren aller Seeleute.

6 Natur und Musik im Einklang – die Harpa begeistert.

7 Wie Sagas und Eddas die Isländer bis heute begleiten.

8 Die unbeachtete Schönheit im Herzen Reykjavíks.

9 Kuschelig und warm. Der beliebte Lopapeysa.

10 Kontroverse Architektur: Blickfang in Reykjavík.

11 In der Jurtaapótek ist alles biologisch und gesund.

12 Die Schutzgeister wachen über die Isländer.

13 Höfði húsið. Der Geist der Vergangenheit.

14 Die Stadt ist auf den Beinen: Kulturnacht in Reykjavík.

15 Mit farbenfrohen Kostümen für Toleranz einstehen.

16 Die Ásatrú: Ein alter Glaube geht mit der Zeit.

17 Rímur – die historischen Lieder Islands a cappella.

18 Zwischen Bienen und Blumen im Grasagarðurinn.

19 Über den Weltfrieden sinnieren auf Viðey.

20 Bessastaðir – der erste Siedler und der Präsident.

21 Wikinger und ihre Schiffe: Njarðvík.
22 Den heidnischen Göttern ganz nah.
23 Hvalsneskirkja. In Gedenken an Hallgrímur Pétursson.
24 Es blubbert, dampft und zischt in Gunnuhver.
25 Erholung für Körper und Geist in der Blauen Lagune.
26 Natürliche Heilkräfte – die Pflanze Arznei-Engelwurz.
27 Halldór Kiljan Laxness: Meister der Literatur.
28 Wanderungen zu den heißen Quellen im Reykjadalur.
29 Skálholt – verlassenes Dorf mit immenser Geschichte.
30 Gullfoss: Tosende Wassermassen stürzen in die Tiefe.
31 Sonnenstrahlen brechen in meterhohen Fontänen.
32 Þingvellir – dramatische Landschaft, Wiege der Nation.
33 Feierlichkeiten im ganzen Land – rundum traditionell.
34 Hoch hinaus – Sportler und Genießer auf der Esja.
35 Eine unerwartete Blütenpracht auf ganz Island.
36 Landnahme und Egils saga bildlich präsentiert.
37 Klatsch, Tratsch und Alkohol an Borganes Tankstellen.
38 Auf den Spuren des Snorri Sturluson in Reykholt.
39 Zwei Wasserfälle, eine Legende und viele Beeren.
40 Die Besiedlung Islands und Entdeckung Amerikas.

41 Der erfrischende Saft des Lebens aus der Quelle.

42 Der Snæfellsjökull Nationalpark: Wunder der Natur.

43 Flatey: Eine kleine Insel im Rampenlicht.

44 Blick aufs Meer, die Füße im Sand, Idylle pur.

45 Geräusche der Natur. Am Nistplatz der Papageitaucher.

46 In den Tiefen des Meeres lauern sie. Meeresungeheuer.

47 Eine Hommage an den Architekten Islands.

48 Hautnah am donnernden Wasserfall Dynjandi.

49 Wenn der Himmel von Grün durchzogen wird.

50 Heißt alle die ersten Sonnenstrahlen willkommen!

51 Geschichte der Hexerei – nichts für schwache Nerven.

52 Islandpferde: Urlaub mit den unentbehrlichen Helfern.

53 Wie im Auenland: Häuser aus alter Zeit in Glaumbær.

54 Das starke Geschlecht: Frauen als Vorreiterinnen.

55 Bischofssitz, Pferde und Tourismus im kleinen Hólar.

56 Das Freibad im Winter ist gut für Körper und Geist.

57 Reichtum durch Fisch: Heringsmuseum in Siglufjörður.

58 Bis über den nördlichen Polarkreis auf Grímsey.

59 Warum Weihnachten auf ein Mal im Jahr beschränken?

60 Querfeldein durch Niemandsland. Ein Abenteuer.

61 Trolle im Lavafeld. Die Natur bestärkt den Glauben.

62 Ruhe finden in einem aktiven Lavafeld – Mývatn.

63 Die Lóa kündigt den Frühling an. Ein Ort für Vogelfans.

64 Ein großer Schritt für die Isländer in Húsavík.

65 Wo ein Gott die Erde berührte. Ásbyrgi bezaubert.

66 Alles rund ums Schaf. Réttir – eine lebendige Tradition.

67 Das Leben in alter Zeit: Bustarfell zeigt es.

68 Mythos oder wahre Begebenheit? Islands Seemonster.

69 Ein Küstendorf besticht durch Farbenvielfalt.

70 Mitten in einem nordischen Krimi: Trapped.

71 Tauschhandel im Kaupfélagið.

72 Bei Sturm und Schnee auf den Berg Harðskafi.

73 Weiße Eleganz auf schwarzem Sand am Jökulsárlón.

74 Gletscherwandern. Gefährlich, doch aufregend.

75 Zu farbenfrohen Bergen wandern im Fjallabak.

76 Wenn die Erde bebt. Vulkanausbrüche hautnah.

77 Þórsmörk. Ein wildes, grünes Paradies.

78 Auf Schatzsuche unter dem Wasserfall – Skógafoss.

79 Die Tragödie des Trollschiffes: Fabelwesen bei Vík.

80 Mini-Insel mit riesiger Geschichte – Heimaey.

Leidenschaft ist immer siegreich.

Theodor Fontane

Das Leben erleben

Die Kultur schmecken

Den Puls spüren

VOLLER ENERGIE & TATENDRANG

Genuss

Momente für die Ewigkeit schaffen

SICH INS ABENTEUER STÜRZEN

NEUE BEKANNTSCHAFTEN SCHLIEßEN

#eintauchen

kommunikativ sein

LOVE

Es gibt keine richtige Art, die Natur zu sehen. Es gibt hundert.

Kurt Tucholsky

BREATHE IN
BREATHE OUT
ZUR MITTE FINDEN
Natürlich
Natürlich
Natürlich
schön
Heilende
Ruhe
EINE PAUSE MACHEN
#Achtsamkeit
into the
unknown

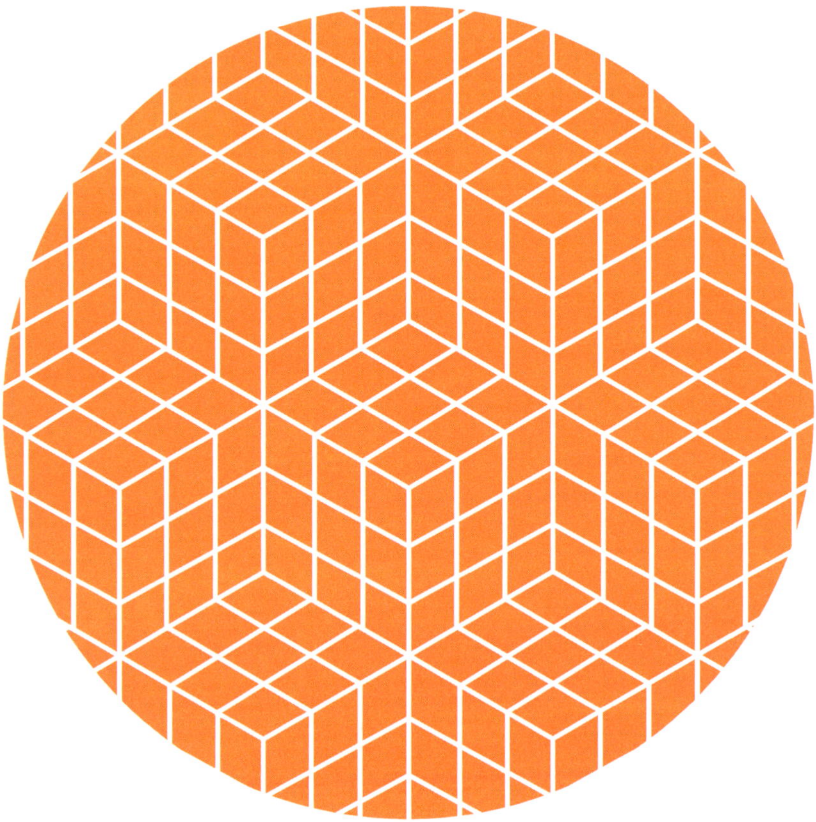

Der Geist spricht zum Geist
und nicht zu den Ohren.

Giacomo Girolamo Casanova

Bewusstsein

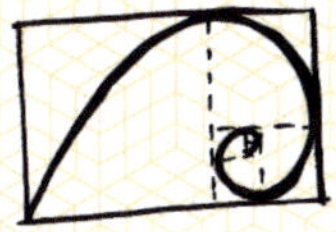

123

Once upon a time ...

Den Geist beschäftigen

Kreativität ist ein Fluss

KULTUR

MYSTIK & MAGIE

NEUE PERSPEKTIVEN GEWINNEN

Das wahre Leben spielt sich tagtäglich im Wasser ab.

Was treibt einen denn nur dazu, bei zweistelligen Minusgraden freiwillig in ein Freibad zu gehen und sich dann in einen *heitur pottur,* einen *Hot Pot,* zu setzen? Tatsächlich gibt es wohl nichts Wohltuenderes, nichts Entspannenderes, als sich vor allem im Winter in die *Heißen Töpfe* zu setzen und sich vom Wasser aufwärmen zu lassen.

Für Körper und Geist

Die meisten Isländer gehen erst gar nicht in das Schwimmbecken, sondern setzen sich gleich in eines der Wasserbecken. In den meisten Bädern gibt es gleich mehrere. Man fängt an mit 36–38 °C, und arbeite sich dann hoch auf 38–40 °C. Wem es dann immer noch nicht genug ist, der kann sich auch in 40–42 °C heißes Wasser trauen. Aber Achtung beim Verlassen des Beckens: Langsam, tief atmen und Schritt für Schritt. Unterschätzt man die Hitze und ist nicht langsam genug, kann man leicht das Bewusstsein verlieren.

Soziale Interaktion

Je nachdem sitzen die Menschen ruhig und in Gedanken versunken in aller Ruhe im *Hot Pot.* Aber vor allem nach Büroschluss, wenn sich die Bäder und damit auch die *Hot Pots* füllen, geht das Geschnattere los. Hier trifft man sich, um ausgiebig zu diskutieren, über Politik, die Wirtschaft und die Familie, kurz, über die kleinen und großen Probleme der Welt. Hier werden Beziehungen geknüpft und Geschäfte abgeschlossen. Es gibt fast nichts, was nicht im *Hot Pot* besprochen wird, und es wäre nicht das erste Mal, dass sich Neuigkeiten, auch in Zeiten der sozialen Medien, zunächst hier verbreiten.

Der größte *Hot Pot* wird im Vesturbærsund in Reykjavík mit Wasser gefüllt. Hier herrscht anscheinend der meiste Redebedarf. Und man sollte sich nicht täuschen, Isländer halten es oftmals dank täglicher Übung locker eine Stunde oder länger in dem warmen Wasser aus. Wahrscheinlich wäre ein Überleben auf der Insel in früheren Zeiten ohne die natürlichen heißen Quellen in den harschen isländischen Wintern gar nicht möglich gewesen. Kein Wunder also, dass sie ein fester Bestandteil des alltäglichen Lebens der meisten Isländer sind.

Wo?

Vesturbærlaug, Hofsvallagata, 107 Reykjavík; https://reykjavik.is/vesturbaejarlaug

Wann?

Das ganze Jahr über, von frühmorgens bis spätabends.

Wichtiges

Jedes Schwimmbad hat mehrere *Hot Pots.* Zu jeder Tageszeit und bei jedem Wetter geeignet. Die ultimative Entspannung nach einem erlebnisreichen Tag. Und die beste Art, sich im Winter von innen so richtig aufzuwärmen.

Sprache als Heimat. Verbindung zwischen Menschen, Vergangenheit und Gegenwart.

Etwas, worauf die Isländer ganz besonders stolz sind, ist ihre Sprache. Seit Jahrhunderten erzählen Isländer Geschichten und singen Lieder. Dichter und Barden besaßen großes Ansehen und auch heute noch werden Poeten und Schriftsteller hoch geschätzt.

Velkomin heim!

Reist man mit der isländischen Fluggesellschaft *Icelandair* an, beginnt die isländische Ansage nach der Landung in Keflavík mit *Velkomin heim!* (Willkommen zu Hause!) Man geht wohl ganz selbstverständlich davon aus, wer dies versteht, gehört auch hierher. Die Sprache verbindet untereinander, schließlich sind es nur sehr wenige Menschen, die diese erhalten. Aber das Isländische schafft auch eine Verbindung zwischen Vergangenheit und Gegenwart. Es erfüllt die Isländer mit Stolz, dass sie die Sagas noch immer im Original lesen und verstehen können, während uns das mit mittelalterlichen Texten nicht mehr ohne Wörterbuch und Grammatik gelingt.

Schützenswertes Gut

Um die Sprache so gut wie möglich vor fremden Einflüssen zu schützen, gibt es zwei Sonderkommissionen. Eine davon überträgt moderne Wörter ins Isländische: Ein Computer – *tölva* – setzt sich zusammen aus den Worten *tölur* (Zahlen) und *völva* (Wahrsagerin), ein Telefon heißt *sími* (Faden) und ein Mobiltelefon – *farsími* – erhält die Vorsilbe von *að fara* (gehen, reisen, fahren). Eine weitere Kommission schützt die isländischen Namen, indem sie in regelmäßigen Abständen eine Liste mit offiziell zugelassenen Vornamen herausgibt.

Für die isländische Universität HÍ wurde im Herbst 2023 das Forschungs- und Lehrzentrum für isländische Literatur- und Sprachwissenschaft fertiggestellt, das gleichzeitig das Árni Magnússon Institut beherbergt, in dem zu den alten Manuskripten der Sagas geforscht wird. Dessen Name Edda verbindet wiederum die Vergangenheit mit der Zukunft und ist zugleich urisländisch, denn er schlägt eine Brücke von den alten Sagas zu einem immer noch beliebten weiblichen Vornamen.

Wo?

Edda, Hús íslenskra fræða, Arngrímsgata 5, 107 Reykjavík, www.hi.is; Árni Magnússon Institut: www.arnastofnun.is

Wann?

Das ganze Jahr über

Wichtiges

Von Aa bis Ö: Das isländische Alphabet hat 32 Buchstaben, also einige mehr als wir, obwohl es nicht einmal ein C, Q, W oder Z gibt: A, Á, B, D, Ð, E, É, F, G, H, I, Í, J, K, L, M, N, O, Ó, P, R, S, T, U, Ú, V, X, Y, Ý, Þ, Æ, Ö

Das Zentrum der Demokratie. Ein Gebäude so unscheinbar wie immens wichtig.

1799 hatten die dänischen Machthaber das isländische Parlament in Þingvellir aufgelöst. 1844 wurde es zunächst als beratendes Organ wieder eingesetzt. 1881 konnte die erste Sitzung im neuen Parlamentsgebäude im Zentrum Reykjavíks gehalten werden.

Klein, aber fein

Das Gebäude steht auf der breiten Seite des Austurvöllur. Das Zentrum der Demokratie befindet sich damit auf dem zentralen Platz im Herzen der Hauptstadt. Für isländische Verhältnisse ein großes Gebäude (nun ja, das Hotel auf dem Platz um die Ecke ist schon wesentlich größer), wirkt es als Parlament doch recht bescheiden. Besonders wenn man es mit den pompösen und prunkvoll angelegten Bauten vergleicht, die in anderen Ländern die Regierung einer Nation repräsentieren. Zusätzlich muss man sich vorstellen, dass zu Beginn sogar noch Teile der Universität und ein Museum hier untergebracht waren. So hat man es zwar mit einem unauffälligen Gebäude mit zurückhaltend wirkender Architektur zu tun, doch das tut dem Stolz, den die Isländer angesichts einer über tausendjährigen parlamentarischen Geschichte verspüren, keinen Abbruch. Auf der Fassade findet man über den äußeren Fenstern die vier Schutzmächte Islands abgebildet. Obwohl Island selbst nie einen König und nicht einmal Adel kannte, thront mittig unter dem Dach die dänische Königskrone – des damaligen Kolonialherren Islands.

Unruhen

Der eigentliche Parlamentssaal befindet sich hinter den mittleren Fenstern der ersten Etage. Eine Bannmeile sucht man hier vergebens. Daher tat hier das (für isländische Verhältnisse) aufgebrachte Volk in einer Anzahl und Emotion bis dahin unbekanntem Ausmaßes ihrem Unmut während der Finanzkrise 2008 auf dem Rasen des Austurvöllur direkt vor dem Parlamentsgebäude kund.

An schönen Tagen kann man sich hier aber auch einfach gemütlich ins Gras legen und die Sonne genießen.

Hoch auf einem Sockel stehend, sodass er auch einen guten Einblick ins Plenum hat, erinnert Jón Sigurðsson, der „Architekt" des heutigen Islands, die Parlamentarier an ihren Auftrag, ihr Mandat zum Wohle des Volkes auszuüben.

Wo?

Austurvöllur, mitten im Zentrum Reykjavíks

Wann?

Das ganze Jahr über

Wichtiges

An der Rückseite des Parlaments befindet sich seit 1893 der älteste öffentliche Garten Islands. Sein Gründer, der Parlamentarier Tryggvi Gunnarsson, liegt hier begraben.

Opfer für die Götter – als Dank, den Winter überlebt zu haben.

Þorrablót wird im tiefsten Winter gefeiert. Ende Januar beginnt der vierte heidnische Wintermonat Þorri, in dem die Vorräte sich zu Ende neigen, doch der Frühling noch lange nicht in Sicht ist. Wenn man die alten Monate Þorri und den darauffolgenden Monat Góa überstanden hatte, dann war man fast über den Berg. Serviert werden beim Þorrablót die Lebensmittel, die Monate zuvor eingelegt, gesäuert und geräuchert wurden.

Opferfeier neu interpretiert

Bei den Ásatrú, der Glaubensgemeinschaft, die die alten Nordischen Götter verehrt, bezeichnet *blót* eine Opferfeier für die Götter. Dabei werden Speisen den Göttern geweiht und in deren Gedenken in der Gemeinschaft geteilt. Das Fest spielte für die Christen in Island eigentlich keine Rolle mehr, doch gegen Ende des 19. Jahrhunderts wurde es im Zuge der Unabhängigkeitsbewegung neu als identitätsstiftend entdeckt und wiederbelebt. Heutzutage feiern viele Þorrablót um alter Zeiten zu gedenken, als ihre Vorfahren noch ums nackte Überleben auf der Insel kämpfen mussten.

Für Menschen mit einem starken Magen

Die Gerichte sind typisch für das, was man früher auf einem Bauernhof gegessen hätte. Dazu gehören: versengter Schafskopf inklusive Augen und Ohren *(svið)*, eingelegte Schafshoden *(hrútspungur)*, Schwartenmagen *(svínasulta)*, Trockenfisch *(harðfiskur)*, Schweinsfett *(lundabaggi)*, Blutwurst, eventuell sauer eingelegt *(blóðmör)*, geräuchertes Lamm *(hangikjöt)* und fermentierter Hai *(hákarl)*. Dazu wird süßlich schmeckendes Roggenbrot *(rugbrauð)* und/oder eine Art Fladenbrot *(flatkökur)* serviert.

Da diese Speisen sowohl für die Mägen der Einheimischen und noch mehr für die der Touristen gewöhnungsbedürftig und schwer verdaulich sind, fließen an einem solchen Abend auch enorme Mengen Schnaps *(brennivín)*. Der schmiert dann gleich noch die Kehlen, weshalb bei einem Þorrablót-Mahl auch gesungen und Gedichte rezitiert werden. Gesellig ist es in jedem Fall und in dieser Zeit feiert man mindestens einmal im Kreis der Familie oder mit Kollegen.

Die Asenglaubensgemeinschaft feiert Þorrablót am Bóndadagur (Tag des Ehemanns), dem vorletzten Freitag im Januar, in ihrem Gebäude in Reykjavík.

Wo?

Am Wochenende kann man im Kolaportið-Markt in Reykjavík viele der Delikatessen und traditionellen Gerichte finden und probieren; www.kolaportid.is. Veranstaltungen der Ásatrú siehe: www.asatru.is

Wann?

Þorri, der vierte Wintermonat, beginnt am Freitag nach dem 19.1. Góa beginnt am Sonntag nach dem 18.2. Gefeiert wird im ganzen Land.

Wichtiges

Viele Restaurants im ganzen Land bieten in dieser Zeit ein spezielles Menü an. Aber man muss reservieren. Achtung: Das Essen ist durchaus deftig und gewöhnungsbedürftig. Infos zu den Teilnehmern findet man u. a. in Zeitungen und auf Facebook.

Sjómannadagur: Das Meer gibt und das Meer nimmt.

Am ersten Sonntag im Juni feiert Island den Tag der Seeleute. Die Schiffe liegen im Hafen und alle Seeleute haben frei. Es ist ein fröhlicher Tag mit einem festlichen Charakter, aber auch ein Gedenktag für alle ertrunkenen Seeleute. Heutzutage steht der gesellige Aspekt aber deutlich im Vordergrund.

Wirtschaftsboom durch Fastentage

Man weiß durch archäologische Funde, dass auch die Wikinger Fischfang betrieben, doch ein wichtiger Exportartikel wurde Fisch erst im Mittelalter, als die Nachfrage durch die unzähligen Fastentage so hoch war, dass dieser von weit hergebracht werden musste. Allem voran wurden Stockfisch und Fischöl verkauft. Der Fischfang hat über Jahrhunderte das Überleben der Menschen auf Island gesichert und war bis in jüngster Zeit, als der Tourismus relevanter wurde, der bedeutsamste Wirtschaftssektor. Fangquoten, um die Fischbestände zu schützen, sichern die Zukunft der Fischerei.

Eine Nation von Fischern

Island ist vor allem in Küstennähe bewohnt. Viele Männer fuhren zur See und Frauen und Kinder verarbeiteten den Fang an Land. Wenn Seeleute starben, blieben in einem Dorf nicht nur Witwen und Waisen zurück, sondern es fehlte auch an Arbeitskräften für alle anderen Tätigkeiten. Es war ein hartes Leben und hatte seinen Preis. Das änderte sich mit den modernen Fischereiflotten: Fisch wird seither auf See verarbeitet und die traditionellen Fischerorte haben mit Landflucht zu kämpfen, weil nicht mehr ganze Familien Arbeit in der Fischindustrie finden.

Praktisch jeder Isländer hat in seiner Ahnenreihe einen oder mehrere Fischer. Auch wenn die meisten Menschen heutzutage in einem Büro arbeiten, haben die Belange von Fischern, Seeleuten und großen Fischereibetrieben noch einen recht großen Einfluss auf das politische Geschehen im Land. Am *Sjómannadagur* wird wieder ins Bewusstsein gerufen, dass die Nation ihr Überleben dem Meer und seinen Erzeugnissen verdankt. Groß und Klein in Reykjavík feiern und ehren dies den ganzen Tag über im alten Hafen mit Essen, Musik, Spielen und ausgestellten Fischen bis hin zu spektakulären Demonstrationen der Küstenwache.

Sjómannadagur wird in zahlreichen Orten im Land (normalerweise am Hafen) gefeiert und wenn man schon mal zusammenkommt, wird dabei inzwischen das ganze Wochenende über ein breit gefächertes Programm angeboten.

Wo?

Im Hafen von Reykjavík liegt auch das Reykjavík Maritime Museum, das die Geschichte der Fischerei seit dem Ende des 19. Jahrhunderts erlebbar macht. Grandagarður 8, 101 Reykjavík, https://reykjavikcitymuseum.is/reykjavik-maritime-museum

Wann?

Erster Sonntag bzw. erstes Wochenende im Juni. Fällt dieses auf das Pfingstwochenende, wird das Fest auf das darauffolgende Wochenende verschoben.

Wichtiges

Während des Festes werden kleine Schlüsselanhänger verkauft. Der Ertrag geht als Spende an die Rettungsdienste. Es gehört zum guten Ton, diesen Obulus zu entrichten, schließlich werden die allermeisten Attraktionen gratis angeboten.

Strahlender Blickfang von außen, innen eine Lavafontäne.

Das Licht des Himmels und das Wasser der See spiegelt sich tausendfach in den Glaselementen und verleiht der Konzert- und Kongresshalle Harpa ein sich stetig wandelndes Antlitz. Tagsüber schimmert die Fassade fröhlich in irisierenden Farbtönen und im Dunkel langer isländischer Winternächte sorgen Lichtinszenierungen in den beleuchteten Glasbausteinen des isländisch-dänischen Künstlers Ólafur Elíasson für einen dramatischen Effekt.

Natur und Musik

Im Inneren kann man sich fast nicht sattsehen und -hören. Die Harpa steckt voller Anspielungen auf die isländische Natur. Wie das aus Magma geformte Basaltgestein sind auch die Glaselemente der Harpa sechseckig. Hat man eine Karte für ein Konzert ergattert und betritt die Eldborg, den größten Saal der Harpa, raubt einem das intensive Rot des Saales beinahe den Atem. Man wähnt sich inmitten einer Lavafontäne *(Eldborg)*. Vor lauter Staunen vergisst man fast, dass auch die Akustik hier wirklich spektakulär ist.

Wohl nicht zuletzt deshalb treten hier die größten Acts auf, die Island und die Welt zu bieten haben, von Björk bis Anne-Sophie Mutter, von Klassik zu Jazz über Weihnachtsshows und Musicals bis Hard Rock und alles dazwischen.

Epizentrum

Fast wäre der überproportionierte Architekturtempel 2008 der Finanzkrise zum Opfer gefallen. Da ein Abriss aber teurer gewesen wäre, entschied man sich für den Weiterbau. *Harpa* bedeutet einerseits Harfe, aber es ist auch der Name des ersten Sommermonats des alten Mondkalenders und für Isländer schwingt in diesem das hoffnungsvolle Gefühl mit, einen harten, langen Winter überstanden zu haben. Die Harpa wurde mit verschiedenen Preisen ausgezeichnet, unter anderen mit dem European Union Prize for Contemporary Architecture – Mies van der Rohe Award 2013.

Halb auf Land, halb in die See gebaut, gilt sie schon seit ihrer Eröffnung als das musikalische Epizentrum des Landes und als neues Wahrzeichen der Stadt.

Wo?

Austurbakki 2, 101 Reykjavík, www.harpa.is

Wann?

Ganzjährig für Konzerte, auf einen Kaffee und zum Besichtigen der Architektur. Und sobald es dunkel ist, sollte man von außen die Lichtinszenierungen genießen.

Wichtiges

Auch wenn man nicht in ein Konzert geht: Zeit mitbringen. Dieser Architekturtempel lädt mit seinen Aussichten zum Staunen und Verweilen.

Papierwikinger – ein Volk der Lesenden und Literaten.

Was macht einen Isländer in seiner tiefsten Seele wirklich zu einem Isländer?

Ihre Landesgrenzen waren nie strittig, Streifzüge in andere Länder haben sie nie geführt. Aber ihre Herkunft kannten sie, festgehalten in Büchern. Deshalb gibt es fast nichts, auf das Isländer stolzer wären als auf ihre uralten Handschriften. Diese Bücher sind die wahren Schätze der Nation, ihr Inhalt das Heiligtum, das die isländische Welt im Innersten zusammenhält. Sie definieren Island.

Verwoben

Isländer leben mit ihren Eddas und Sagas. Sie verweisen in Diskussionen und Gesprächen immer wieder auf Geschehnisse in ihnen, noch immer tragen die meisten Isländer die alten Namen, die von Helden aus den Sagas und ihrer Götterwelt stammen.

Vor allem die alten Eddas stehen mitunter voller Stammbäume, manchmal seitenlang. Das *Landnámbók* (Landnahmebuch) führt die Siedler seit dem Beginn der Besiedlung auf. So können fast alle Isländer ihre Herkunft bis hin zu den ersten Wikingern im Island des 9. Jahrhunderts zurückverfolgen. Hauptsächlich aber geht es in den Isländersagas um die großen Themen der Literatur: Mord und Totschlag, Liebe, Vertrauen und Verrat, Macht und Ehre, das Verhältnis von Männern und Frauen. Dabei werden die Geschichten selbst recht trocken erzählt. Man weint höchstens eine Träne und nicht gleich „Rotz und Wasser". Es geht mehr darum, was zwischen den Zeilen steht. Vielleicht auch deshalb haben Isländer so gut gelernt, Literatur zu lesen – und zu schreiben.

Kein Isländer ohne Buch

Wie tief die alten Handschriften Teil der isländischen Seele sind, lässt sich wohl am besten daran festmachen, mit welch begeisterndem Empfang eine riesige Menschenmasse am Hafen von Reykjavík am 21. April 1971 endlich die Rückgabe einiger Manuskripte aus Dänemark feierte. Die Bücher wurden bejubelt wie die Ankunft eines Königs und bei anschließenden Festivitäten im Land willkommen geheißen.

Bücher sind seit jeher wichtig in Island. Selbst die ärmsten Bauern, so fiel schon Reisenden in vorigen Jahrhunderten auf, hatten Bücher zu Hause. Und noch immer gilt ein Buch als das typische Weihnachtsgeschenk schlechthin.

Wo?

Antiquarische Bücher gibt es bei Bókin Books, Klappastígut 25, 101 Reykjavík, www.bokin.is. Der Isländer größter Schatz wird im Haus der Isländischen Sprache Edda in Reykjavík ausgestellt: Edda, Hús íslenskra fræða, Arngrímsgata 5, 107 Reykjavík, www.hi.is.

Wichtiges

Youtube-Video von der Ankunft der Manuskripte im Hafen von Reykjavík: „National Celebration When Old Manuscripts are Delivered from Denmark“, Just Icelandic. Die digitalisierten Handschriften gibt es unter: www.handrit.is. Moderne Editionen gibt es selbstredend in jeder Buchhandlung, oft auch Übersetzungen.

Klein und intim – die eigentliche Protagonistin überrascht.

Eine der größten Naturkatastrophen des Landes, der Vulkanausbruch von 1783 und die damit verbundenen Erdbeben, führten dazu, dass der isländische Bischofssitz von Skálholt nach Reykjavík verlegt wurde. Dies verhalf dem kleinen Ort Reykjavík zum Aufstieg und erforderte den Bau eines adäquaten Gotteshauses.

Ein schwieriger Start

Besucher können es meist nicht glauben, dass die hübsche kleine Kirche auf dem zentralen Platz Austurvöllur der Dom sein soll und nicht die stattliche Hallgrímskirkja. Doch was man heute betrachten kann, ist sogar schon die größer ausgebaute Variante. Denn angefangen hat alles mit einer einstöckigen Kirche, die Platz bieten sollte für alle 300 Einwohner des damaligen Reykjavík. Es wurden dänische Arbeiter angeworben und so begannen die Bautätigkeiten, die allerdings nur schleppend und mit vielen Verzögerungen vorangingen. Immerhin konnte man nach der Einweihung im Dachgeschoss sogar noch die Bibliothek und das Volksmuseum unterbringen. Darauffolgend mussten immer wieder Reparaturarbeiten durchgeführt werden und Mitte des 19. Jahrhunderts wurde die Kirche praktisch neu gebaut, vergrößert und um ein Stockwerk erweitert, um ihr heutiges Erscheinungsbild mit 600 Sitzplätzen zu erhalten.

Eine Kirche für die Menschen

Betritt man das Gebäude, fasziniert wie schon an der Außenfassade die harmonische Ausstrahlung. Sie ist sehr schlicht mit viel hell gestrichenem Holz gestaltet. Eine Balustrade unterteilt die beiden Seitenschiffe in ihrer Höhe. Das Mittelschiff ist mit goldenen Kronleuchtern und einer Kassettendecke ausgestattet. Im Altarraum sind die einzelnen Fächer mit einem leuchtenden Dunkelblau und goldenen Sternen verziert, weshalb über dem Altarraum ein Sternenhimmel zu schweben scheint. Das marmorne Taufbecken ist ein Kunstwerk des dänischen Bildhauers Bertel Thorvaldsen (1770–1844), der auch in Italien lebte und arbeitete.

Es ist noch immer eine Gemeindekirche und selbst wer nicht zur Glaubensgemeinschaft gehört, genießt dort die wunderschöne und intime Atmosphäre, die hier bei Konzerten entsteht.

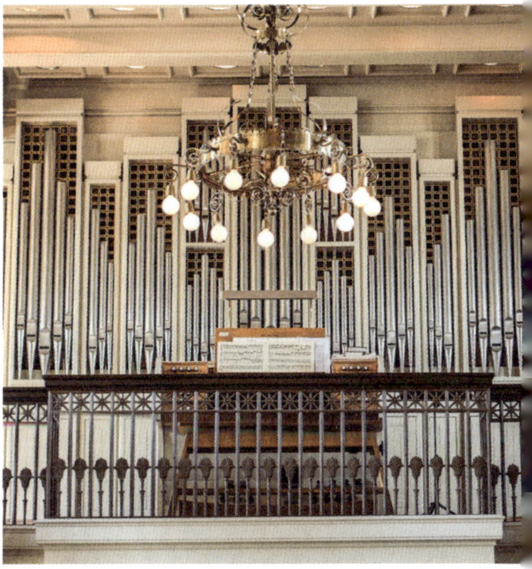

Wo?

Dómkirkja, Kikjustræti, 101 Reykjavík, www.domkirkjan.is

Wann?

Die Kirche kann unter der Woche besichtigt werden, außer es werden Gottesdienste oder Trauerfeiern abgehalten.

Wichtiges

Von hier aus sind es nur noch wenige Schritte bis zu den Parkbänken des Tjörnin, dem See in der Innenstadt mit seinen Schwänen, Gänsen, Enten und je nach Jahreszeit auch anderen gefiederten Gästen.

Lopapeysa – historisch, berühmt, gemütlich, original isländisch.

Lopapeysa – der für Island typische Pullover ist nicht nur praktisch und wird traditionell von Seeleuten und Bauern getragen, sondern er ist auch ein Kleidungsstück, das sich durchaus bei förmlicheren Anlässen sehen lassen kann. Und wenn es draußen kühler wird, gibt es tatsächlich nichts Angenehmeres, als sich in einen solchen Pullover einzukuscheln.

Stricken auch für Männer

Die Wolle des isländischen Schafes hält die Inselbewohner seit Jahrhunderten warm. Weich, wärmespeichernd, leichtgewichtig, wasserabstoßend und atmungsaktiv vereinigt sie alle Anforderungen, die wir heute auch an moderne Outdoorkleidung stellen. Von diesen Vorzügen wussten die Menschen hier bereits seit Jahrhunderten und stellten aus der Wolle Pullover und Jacken her. Das Stricken erfreut sich bis heute außerordentlicher Beliebtheit. Schließlich kann man dabei seiner Kreativität freien Lauf lassen. Auch Männer strickten, allerdings wohl vor allem Socken und Fäustlinge. Letztere mit einem Daumen links und rechts an einer Hand. So verschlissen die Handschuhe nicht so schnell, da die Fischer sie beim Rudern umdrehten.

Alte Tradition

Betritt man den Laden Handprjónasambandið, atmet man geradezu Islandpullis – und zwar mit Sicherheit original in Island handgestrickte, sowohl in den klassischen Tönen beige, braun und grau als auch in gewagteren Trendfarben. Jetzt heißt es anprobieren. Denn nur so findet man die richtige Passform, die schmeichelndste Farbe und das schönste Muster. Alle Isländer haben mehrere dieser Pullover im Schrank. Wie typisch der *lopapeysa* für Island ist, lässt sich schon daran erkennen, dass der Künstler Baltasar Samper auf dem Altarbild der Flateyjarkirkja Jesus im Islandpullover abgebildet hat.

Der typische, rundgestrickte Pullover ist jedoch nicht ganz so alt, wie man meinen könnte. Die heute als traditionell bekannten Muster kamen etwa in den 1940er-Jahren auf und werden Auður Laxness (richtig: der Ehefrau des Nobelpreisträgers Halldór Laxness) zugeschrieben. Historiker sind sich einig, dass sie dazu beigetragen hat, dass diese Muster so populär wurden, aber auch die Einflüsse anderer nordischer Länder und der Inkakultur haben dabei eine Rolle gespielt.

Wo?

Handprjónasambandið,
Skólavörðustígur 19,
101 Reykjavík,
Tel. +3545521890,
www.handknitted.is

Wann?

Das ganze Jahr über Mo–Fr 9–18 Uhr, So 10–16 Uhr, Sa geschlossen

Wichtiges

Die einzigen echten Islandpullis sind die in Island handgestrickten. Im Handprjónasambandið kann man sicher gehen, dass es sich wirklich um einen Echten handelt. *Islenks hönnun* bedeutet, dass das Produkt in Island gefertigt wurde.

Die größte Kirche des Landes – Orientierungspunkt in der Stadt.

An Silvester versammeln sich traditionsgemäß hunderte von Menschen auf dem Hügel bei der Kirche, um mit Feuerwerk und Sekt das neue Jahr zu begrüßen. An anderen Tagen tummeln sich jede Menge Touristen in und um das Gotteshaus, um das außergewöhnlichste Foto zu schießen.

Was lange währt …

Bereits 1937 legte der Staatsarchitekt Guðjón Samúelsson die Baupläne für die Hallgrímskirkja vor. Doch dauerte es noch bis 1986, ehe die Kirche tatsächlich geweiht werden konnte. Der strahlend weiße Bau und die Form der Säulen erinnern an die Berge und die eindrucksvollen Basaltformationen, die man an vielen Orten des Landes findet. Die Größe und Gestaltung der Kirche waren jedoch nicht unumstritten. Kritiker hielten das hässliche Monstrum für echte Geldverschwendung, andere lobten die schlichte, lichtdurchflutete Architektur und die Akustik. Regelmäßig finden hier Konzerte statt, oder man kann den Fingerübungen des Organisten auf der größten Orgel Islands lauschen. Lange war die Kirche mit ihrem 73 Meter hohen Turm sogar das höchste Gebäude des Landes, von dessen Plattform sich ein grandioser Ausblick bietet, besonders wenn ein Sonnenaufgang im Winter die ganze Stadt in sanftes Licht taucht.

Ungewöhnlich für eine Kirche

Normalerweise verweist der Name einer Kirche auf einen Heiligen oder Gott selbst. Doch Namenspatron hier war der Poet und Geistliche Hallgrímur Pétursson (1614–1674), der mit seinen Predigten und Dichtungen einen wesentlichen Einfluss auf das geistliche Leben Islands ausgeübt hat. Seine Passionspsalmen und Hymnen werden noch immer gesungen und gelesen. Der Bildhauer Einar Jónsson schenkte der Kirche eine Jesusstatue, für deren Hände der Gewerkschaftsführer und sozialistische Politiker Guðmundur Guðmundsson (nicht zu verwechseln mit dem isländischen Handballtrainer) Modell gestanden haben soll. Vor der Kirche steht kein Heiliger, sondern ein Wikingerstandbild von Leifur Eiríksson zu Ehren des ersten Europäers, der 1021 das amerikanische Festland betrat.

Die Kirche kann durchaus als Spiegel des Umgangs der Isländer mit Religion gesehen werden und zeigt, dass in Island auch weltliche und geistliche Traditionen miteinander harmonieren können.

Wo?

Hallgrímstorg 1, 101 Reykjavík. Die Kirche ist fast von allen Punkten der Innenstadt gut sichtbar und deshalb ein guter Orientierungspunkt.

Wann?

Bei Sonnenaufgang im Winter. Ganzjährig 10–20 Uhr. Die Hallgrímskirche ist eine aktive Gemeindekirche. Bei Gottesdiensten oder anderen Feierlichkeiten ist die Kirche für Touristen geschlossen. www.hallgrimskirkja.is

Wichtiges

Lösungsfindung auf Isländisch: Während der Bauarbeiten ging das Geld aus. Kurzerhand wurden alle Häuslebauer gebeten, überschüssigen Beton zu spenden. So konnte die Kirche fertiggebaut werden.

»Regelmäßig finden hier Konzerte statt, oder man kann den Fingerübungen des Organisten auf der größten Orgel Islands lauschen.«

Die Kraft der Natur. Pflanzenheilkunde in der Jurtaapótek.

Fast alle, die Island besuchen, sind fasziniert von der Kraft der isländischen Natur, die sich in gewaltigen Wasserfällen ebenso zeigt wie in weichen Mooskissen, die das unwirtliche Lavagestein überwachsen. Hier erlebt man etwas, das es in Europa fast nicht mehr gibt – Natur, die sich selbst gehört und nicht kultiviert ist.

Freund oder Feind

Die Isländer haben ein etwas gespaltenes Verhältnis zu den Naturelementen, die es den Menschen oft schwer gemacht haben, auf der Insel zu überleben. Über viele Jahrhunderte hinweg war Natur etwas, gegen das man ankämpfen musste, wollte man am Leben bleiben. Erst in den letzten beiden Jahrzehnten ist das Bewusstsein dafür gestiegen, dass die Natur schützenswert ist und auch Schutz braucht, doch noch immer wird ökonomischem Nutzen oft ein größerer Stellenwert eingeräumt. Aber natürlich erfahren die Menschen auf der Insel inzwischen auch, dass der Besuch von Millionen von Touristen andere und schwerwiegendere Auswirkungen auf einen Ort hat als das Wirken einer Handvoll Isländer.

Positive Kräfte

Die Menschen verbringen hier gerne Zeit in der Natur und lassen sich von Kleinigkeiten wie etwa schlechtem Wetter auch nicht davon abhalten. Viele haben besondere Plätze, an denen sie Beeren oder Kräuter sammeln. Besonders die Orte, an denen man echte Heidelbeeren findet, werden als Familiengeheimnis gehütet. Und dafür nimmt man auch weite Wege in Kauf.

Werden Pflanzen und Beeren an bestimmten Tagen (wie etwa in der Johannisnacht) gepflückt, werden ihnen besondere Kräfte zugesprochen. Auf jeden Fall ist man stolz darauf, dass man in Island besonders reine und gesunde Kräuter, Blätter und Beeren findet, was sich inzwischen einige Firmen für Pflanzenkosmetik oder Heilmittel zunutze machen. Isländisch Moos für Hals- und Hustenbeschwerden kennt man auch bei uns aus dem heimischen Drogeriemarkt. Aber die isländische Pflanzenwelt hat so viel mehr für Haut, Körper und Gesundheit zu bieten. Auf Pflanzenheilkunde spezialisiert ist man in der Jurtaapótek, wo man für viele Probleme Hilfe aus der Natur finden kann.

Wo?

Jurtaapótek, Laugavegur 70, Reykjavík; www.jurtaapotek.is

Wann?

Das ganze Jahr über

Wichtiges

Inzwischen gibt es diverse Kosmetikreihen, die aus isländischen Pflanzen hergestellt werden. Oft werden diese auch von Hand gesammelt.
Dazu gehören beispielsweise: www.villimey.is und soleyorganics.com

Mächtige Kräfte beschützen Island über die Jahrhunderte.

Schon bald nach der Besiedlung Islands durch die Wikinger wurde das Land in vier administrative Bereiche eingeteilt. Jeder dieser Bereiche hat eine Schutzmacht: einen Stier im Westen, einen Greif im Norden, einen Drachen im Osten und einen Riesen mit Stab im Süden. Sie stehen auf den hoheitlichen Wappen Islands und flankieren dort die isländischen Farben. Das Übernatürliche (und die Sagas) dringt also selbst in die Tiefen der offiziell politischen Darstellung des Staates.

Unbesiegbare Gegner

Denn die vier Schutzmächte stammen aus der Heimskringla-Saga. Darin wird beschrieben wie Harald Blauzahn (König über Dänemark und Norwegen) Ende des 10. Jahrhunderts den Plan gefasst hatte, Island zu erobern. Doch Blauzahn war ein vorsichtiger Mann, also schickte er einen Zauberer als Späher voraus. Dieser verwandelte sich in einen Wal, um unbemerkt Informationen einholen zu können. Doch als er im Osten an Land gehen wollte, stellte sich ihm ein Drache entgegen und blies Insekten und Gift in seine Richtung, sodass der Eindringling schnell floh. Daraufhin wandte er sich Richtung Norden, wo ihn ein Adler vertrieb, der so groß war, dass seine Flügel sich über die Berge von der einen Seite des Fjords bis auf die andere spannten. Wieder musste der Zauberer flüchten. Daraufhin versuchte er es im Westen. Hier aber watete ihm ein Stier schon im Wasser entgegen und brüllte so bedrohlich, dass der Späher wiederum die Flucht ergriff. Blieb ihm nur noch der Süden. Aber kaum versuchte er dort an Land zu kommen, kam ihm ein Bergriese mit einem Eisenstab entgegen, der so groß war, dass dessen Kopf noch über den Bergen herausragte.

Vertrieben von den Schutzmächten musste der Zauberer unverrichteter Dinge zu seinem Herrn zurückkehren. Infolgedessen sah Harald Blauzahn von einer Invasion Islands ab und die Insel blieb noch eine ganze Weile unabhängig.

Allgegenwärtige Schutzmächte

Heute sind die vier Schutzmächte an die Außenwand des Alþingi, des Parlaments am Austurvöllur in Reykjavík gemeißelt. Das Wappen ist an allen offiziellen Gebäuden des Landes (Ministerien) und auf der Standarte des Präsidenten zu finden – und auf allen möglichen inoffiziellen Gegenständen wie Tassen, Aufklebern oder T-Shirts.

Wo?

Beim Eingang einer Behörde der Republik oder den Ministerien, wie z. B. dem Außenministerium, Rauðarárstígur 25, 105 Reykjavík oder dem Alþingi, Austurvöllur, 101 Reykjavík.

Wann?

Das ganze Jahr über

Wichtiges

Die Gestaltung der Schutzmächte stammt von dem Maler Tryggvi Magnússon. Im Wappen wird das Weiß der Flagge durch Silber ersetzt und ruht auf einer Basaltplatte.

Ein Gespenst und die Zeitläufe der Welt.

Es ist das vielleicht schönste Gebäude der Stadt, und auf jeden Fall eines mit einer ganz besonderen Geschichte.

Ein Geist treibt sein Unwesen

Gebaut wurde das Holzhaus mit Blick über den Fjord Faxafloi 1909 in Norwegen. Da es in Island viel zu wenig Holz gab, war es durchaus üblich, Häuser zunächst in Norwegen bauen zu lassen, sie dann wieder auseinanderzunehmen, nach Island zu verschicken und schließlich hier wieder aufzubauen. Auftraggeber war die französische Regierung, die dort ihre Botschaftsresidenz beheimaten wollte. Aber schon nach vier Jahren zog der Botschafter wieder aus. In diesem Haus spukt es, war er überzeugt.

Was für ein Geist da im Haus unterwegs war, ob er mit Türen geklappert, dem Botschafter gar ein Bein gestellt oder sonst was ausgeheckt hat, ist leider nicht bekannt. Die Gepflogenheiten diplomatischer Verschwiegenheit öffnen allen erdenklichen Spekulationen mit Gruselfaktor Tür und Tor.

Nach wechselnden Hausbesitzern kaufte 1938 die britische Regierung Höfði als Botschaftsresidenz. Während des Zweiten Weltkriegs haben hier unter anderem Winston Churchill und Marlene Dietrich übernachtet. Doch 1952 wurde es auch dem britischen Botschafter zu bunt – er war sich sicher: Hier treibt ein Gespenst sein Unwesen. Er schrieb einen Brief an das Außenministerium in London, und soweit bekannt, ist es das einzige Mal, dass das *Foreign Office* in einem Antwortschreiben offiziell zu Geistern Stellung bezogen hat. Schließlich kaufte die Stadt Reykjavík das Haus und es dient heute für offizielle Empfänge.

Ort mit Geschichte

Weltberühmt wurde das *Höfði húsið* 1986. Auf dem Höhepunkt des Kalten Krieges zwischen den USA und der ehemaligen UdSSR trafen sich hier in der geografischen Mitte Präsident Ronald Reagan und Außenminister George Shultz mit Generalsekretär Michail Gorbatschow und Außenminister Eduard Schewardnadse vom 10. bis 12. Oktober. Die Gespräche liefen aus Sicht beider Parteien nicht wirklich gut und so fuhren alle mit griesgrämigen Gesichtern wieder nach Hause. Im Nachhinein wird dieses Treffen aber als der Anfang vom Ende des Kalten Kriegs gesehen. Drei Jahre später fiel die Berliner Mauer.

Vielleicht herrscht in diesem Haus ja doch ein guter Geist …

Wo?

Reykjavík. Selbst die kurze Auffahrt hat einen eigenen Straßennamen: Félagstún, dieser zweigt vom Borgatún ab.

Wann?

Das ganze Jahr über zu besichtigen

Wichtiges

Im Inneren steht noch alles genau so wie zum Zeitpunkt der Verhandlungen zwischen den USA und der ehemaligen UdSSR, inklusive Telefon mit Wählscheibe und den Flaggen beider Länder. Mittig thront das Stadtwappen Reykjavíks.

Reykjavík feiert Geburtstag mit einem außergewöhnlichen Festival, der Kulturnacht.

Isländer feiern liebend gerne und seit 1996 lädt die Stadt Reykjavík Bewohner und Besucher mit einem fulminanten Ereignis zur Eröffnung der neuen Kultursaison zum Entspannen, Genießen und Mitmachen ein. Die ganze Innenstadt sprüht geradezu vor pulsierender und erwartungsvoller Energie.

Alle sind auf den Beinen

Gegen Mittag beginnt sich die Innenstadt mit Besuchern zu füllen. An jeder Straßenecke gibt es etwas zu erleben, ein Jazz-Konzert auf einer Bühne oder eine spontane Singstunde in einem Café, eine Lesung in einem Museum oder das unerwartete Auftreten eines Straßenartisten. Gut Organisierte haben eine lange Liste, um nichts zu verpassen, andere lassen sich einfach dorthin treiben, wo man interessante Klänge hört, ein Schild neugierig macht auf einen Workshop oder eine Gruppe Menschen über die Scherze einer Theatergruppe lacht. Zudem wird man an vielen Restaurants, Bars, Cafés und Essensständen zu genussvollen Pausen verführt.

Scheinwerfer an

Das offizielle Programm der Menningarnótt ist äußerst vielfältig und kurzweilig und bietet von Kinderkaraoke über Familienyoga, klassische Musik, Hardrock und Salsa bis hin zu Meditation, (Poesie-) Lesungen, Theater und offenen Künstlerateliers ein fantasiereiches Spektrum an Inspiration und Unterhaltung. Wer Mitglied in einem Chor, im Sinfonieorchester, einem Trio, einer Tanzgruppe ist, als Comedian auftritt oder sonst einen Bezug zu Kunst hat, wird an diesem Tag mit großer Wahrscheinlichkeit etwas aufführen. Das Ganze verläuft ungezwungen und hat einzig und allein den Fehler, dass man nicht alles gesehen haben kann.

Neben dem offiziellen Programm geben auch kreative Bewohner spontan ihr eigenes Können zum Besten. Besonders beliebt ist auch der *Vöfflukaffi,* bei dem Bürger ihr Heim öffnen, um Gästen Kaffee mit frischgebackenen Waffeln anzubieten. Den krönenden Abschluss bildet schließlich das leuchtende Feuerwerk am Alten Hafen der Innenstadt.

Wo?

Die Menningarnótt findet in der Innenstadt Reykjavíks statt.

Wann?

Jedes Jahr am ersten Samstag nach dem 18. August

Wichtiges

Die gesamte Innenstadt ist dann für Autos gesperrt.

Gay Pride – buntes Treiben gegen Diskriminierung.

Während die Umzugswagen in Position gebracht werden, strömen die Menschen schon an die Strecke. Es werden zwar keine Bonbons geworfen oder Bützchen verteilt, dafür ist es schön bunt und schrill.

Kunterbunt und fröhlich

Das Ganze erinnert an einen Karnevalsumzug, aber dieses Phänomen gibt es in Island nicht. Kein Problem, denn hier gibt es die Gay Pride. Die Stimmung auf den Straßen ist friedlich, fröhlich, ausgelassen, der alljährliche Umzug der Gay Pride in Reykjavíks Innenstadt ist ein Fest für die ganze Familie. Tatsächlich ist es eine der größten Veranstaltungen des Landes, die auch viele internationale Gäste ins Land und in die Stadt lockt. Und da Isländer zu feiern wissen, wird nach dem Umzug in der Innenstadt mit Open-Air-Konzerten einfach weitergefeiert, bis es dunkel wird. Bei der Parade läuft und fährt beinahe alles mit, was auf der Insel Rang und Namen hat. Außer Blaskapellen. Dafür heizen regelmäßig einige der bekanntesten Musiker des Landes von den fahrenden Wagen den Menschen am Straßenrand ein. Sowieso ist praktisch die ganze Stadt auf den Beinen. Die Isländer sind stolz darauf, dass sie zu den ersten gehörten, die Gleichberechtigung für gleichgeschlechtliche Beziehungen durchgesetzt haben. Und mit Jóhanna Sigurðardóttir hatte Island von 2009 bis 2013 auch die weltweit erste offen lesbische Premierministerin.

Ungeahnte Dimensionen

Noch in den 1990er-Jahren war es eine kleine Demonstration, doch entwickelte sich die inzwischen „größte kleine Gay Pride“, wie sie nicht nur von den Isländern stolz genannt wird, seither in ein Festival beinahe unisländisch großer Proportionen. Selbstverständlich wurde im Laufe der Zeit die gesamte LGBTQ+-Gemeinschaft in das Festival integriert. Seit 2000 gibt es die Parade, die inzwischen den großen Abschluss eines mehrtägigen internationalen Festivals bildet und mit jedem Jahr beliebter und größer zu werden scheint.

Ein idealer Samstag also, um die ausgelassene isländische Feierseele zu entdecken, in deren Unbeschwertheit einzutauchen und einfach nur zu genießen.

Wo?

In der Innenstadt Reykjavíks

Wann?

Mitte August. Das gesamte Programm der Pride sowie für die Parade gibt es auf der Website der Hinsegin dagar í Reykjavík: www.hinsegindagar.is.

Wichtiges

Hingehen, staunen, tanzen, Spaß haben!

Eine fortschrittliche Glaubensgemeinschaft und ihr heiliger Raum.

Wer in Island geboren wird, ist automatisch Mitglied der lutherischen Staatskirche. Außer er oder sie ändert dies. Die 1972 gegründete Asenglaubensgemeinschaft erfreut sich dabei in den letzten Jahren großer Popularität und konnte auf weit über 5000 Mitglieder anwachsen. Mit dem ersten heidnischen Sakralbau seit 1000 Jahren – die Religionsgemeinschaft greift auf den Glauben an die nordische Folklore zurück – ist sie präsenter denn je.

Religiöse Pragmatisten

Als die Wikinger nach Island kamen, beteten sie zu Göttern wie Óðinn, Freya und Þór (Thor). Nach der Ausbreitung des Christentums erfolgte ohne Blutvergießen ein unspektakulärer Übergang vom Heiden- zum Christentum. Dafür durften die Isländer die alten Götter weiterhin anbeten, solange dies diskret geschah. Der alte Glaube, seine Traditionen und Bilder verschwanden daher nie völlig von der Insel. Die heidnischen Götter, die Runenschrift und die Eddas waren seit der Besiedlung ein ganz selbstverständlicher Teil des isländischen Lebens und sind es bis heute. Es ist eine aufgeschlossene Glaubensgemeinschaft, die den Menschen keine Verbote und Regeln auferlegt, sondern dazu auffordert, Verantwortung für das eigene Leben zu übernehmen. Moderne Ásatrú-Mitglieder glauben auch nicht mehr an die alten Götter, sondern sie sehen die Erzählungen als poetische Metaphern und Manifestationen natürlicher Kräfte und der menschlichen Psychologie. Sie vertreten Werte wie Ehrlichkeit, Toleranz und Respekt im Umgang mit anderen und der Natur. Anscheinend ein Konzept, das in einer modernen Gesellschaft, in der Menschen auf Individualismus Wert legen, fasziniert.

Heilige Hallen

Der *hof,* der heilige Raum der Gemeinschaft, ist in Bau. Ein Teil steht bereits und wird auch genutzt, wenn Feiern nicht im Freien stattfinden können. Erweiterungen müssen erst wieder neu finanziert werden. Doch dass eine kleine Glaubensgemeinschaft ein solches Millionenprojekt stemmen kann, beweist, dass der Asenglaube heute genauso lebendig ist wie vor 1000 Jahren. Er ist einer der Bausteine, der die Isländer mit ihrer Geschichte und miteinander verbindet.

Wo?

Hof Ásatrúarfélagsins, Menntasveig 15, 102 Reykjavík, www.asatru.is

Wann?

An Samstagen (14–16 Uhr) ist offenes Haus und jeder kann vorbeikommen, um die Gemeinschaft kennenzulernen.

Wichtiges

Der *hof* der Ásatrú liegt in einem schönen Park in Nauthóll. Ein Spaziergang oder eine Fahrradtour hierher lohnt sich.

Leidenschaft für Musik verbindet das Land – a cappella und instrumental.

Sie scheinen sich anderer Harmonien zu bedienen, als unsere Ohren gewohnt sind und werden oft a cappella gesungen. *Rímur* sind die historischen Lieder Islands. Die uralten Texte lehnen sich seit jeher an den Minnesang aus dem Mittelalter und andere meist höfische Gedichte und Lobeshymnen an.

Gesungene Rätsel

Die Dichtung der Rímur folgt dabei strengen Regeln und sie sind durchzogen von weitschweifenden Metaphern und mythologischen Anspielungen, die mitunter wie ein Ratespiel anmuten. Es scheint, als liebten Isländer es, nach den Verweisen in ihrer Geschichte zu suchen und die Texte zu enträtseln. Eine bekannte *Ríma* (die Einzahl von *Rímur)* lautet beispielsweise, in Prosa übersetzt, so: „Þorr von den großen Schmiede-Blasebalgen warf handgehaltene Mund-Blitze von dem Zank-Dorf aus zu des Riesen Ziegenbockfleisch. Geirröðr von den Gerberwerkzeugen der Tierhäute fing sie mit einem gesunden Griff freudig auf, die heißen Eisen aus dem Glühofen des Zaubers Schmiede." Na? Kurz und knapp: Der Eisenschmied (Þorr) beschimpft den Gerber (Geirröðr), und der hört sich die Beschimpfungen mit einem Lächeln an. Kein Wunder also, dass die *Rímur* heutzutage nicht mehr den gleichen Stellenwert haben wie früher und sich die meisten eher zu der populären Dichtung und Musik hingezogen fühlen.

Ein Land im Musikfieber

Doch die Leidenschaft für die Musik bleibt. Sehr viele Isländer singen in mindestens einem Chor und in der Weihnachtszeit kann man jeden Tag in gleich mehrere (Chor-)Konzerte gehen.

Musische Bildung hat einen hohen Stellenwert. Weltstars wie Björk, die Indie-Band Sígur Rós, die Pop-Formation Monsters of Men (Hey!), die international bekannteste Jazzband des Landes AdHd oder die seit Jahrzehnten ununterbrochen erfolgreiche Funkband Mezzoforte (Garden Party) zehren davon.

Der wichtigste Termin im ganzen Jahr und ein absoluter Straßenfeger ist der Eurovision Song Contest. Nicht nur aus Freude an der Musik und Spaß an der Show, sondern wohl auch, weil man dann für alle sichtbar, und auch in Punkten ausgedrückt, geschätzter Teil dieser Welt zu sein scheint und nicht eine verlassene Insel weit draußen auf dem Ozean.

Wo?

Naturgemäß liegt der kulturelle Schwerpunkt auf der Hauptstadt. Dort gibt es praktisch jeden Abend was „auf die Ohren", von Kneipenkonzerten bis hin zum Opernhaus.

Wann?

Das ganze Jahr über; Konzerte können teilweise auch sehr kurzfristig, sprich am (Vor-)Mittag desselben Tages, meist über soziale Medien, angekündigt werden.

Wichtiges

Geballt gibt es Musik beim Festival Iceland Airwaves, dem größten Festival des Landes, für Jazzliebhaber auf dem Jazzfestival Jazzhátið und für Klassikfans das Iceland Symphony Orchestra: www.icelandairwaves.com, www.jazzhatid.is, https://en.sinfonia.is.

Das lebende Museum. Farben- und Blumenvielfalt, emsige Bienen, duftende Rosen.

Eine der schönsten Grünanlagen Islands liegt im *Laugardalur,* im Tal der heißen Quellen. Früher kamen die Frauen hierher zum Wäschewaschen, heute sind Sportstätten sowie der Botanische Garten und der Kinderfreizeitpark ein guter Grund für einen Besuch.

Einheimische Überlebenskünstler

Besonders beeindruckend für Besucher des Botanischen Gartens ist, wie gesund und kräftig die Pflanzen hier aussehen. Man sieht ihnen an, mit wie viel Liebe sie gepflegt und versorgt werden. Im ältesten Teil des Gartens findet man einen Großteil der einheimischen Pflanzen Islands, dieser zähen Überlebenskünstler, die es geschafft haben, sich trotz der hiesigen Klimaverhältnisse durchzusetzen. Doch in den verschiedenen Arealen des Geländes begegnet man einer noch reicheren Vielfalt: Rhododendren, die mit ihrer Größe und ihren intensiven Farben entzücken, während im Steingarten kleine Pflanzen zarte Blüten präsentieren. Das Flanieren durch die langen Reihen mit Staudenpflanzen braucht seine Zeit, denn da gibt es jede Menge Fotos zu schießen, um ein Andenken an die Formenvielfalt und Blütenpracht mitzunehmen. Die Kräuter duften herrlich und sind in unterschiedlichen Beeten mit Heilpflanzen platziert. Sogar die Gemüsepflanzen und die Beerensträucher sehen kräftig und attraktiv aus. Der jüngste Teil des Gartens ist der Baumgarten, in dem einheimische und ausländische Baumarten präsentiert werden. Ein zarter Versuch mit Beispielcharakter, mehr Bäume auf Island anzupflanzen.

Die Besucher schlendern zwischen den Blumenbeeten durch die verschiedenen Areale und machen es sich mit einem Buch auf der Parkbank oder bei einem Picknick auf dem weichen Rasen gemütlich.

Auf ein Tässchen

Eine der beliebtesten Stellen im Park ist jedoch der Rosengarten, denn zwischen duftenden Rosen hört man im Sommer nicht nur die vielen fleißigen Bienen summen, sondern auch die Gespräche der Gäste, die sich im Café Flóran an einem der Tische niedergelassen haben, um mit Familie oder Freunden eine Tasse Kaffee oder ein Glas Wein zu genießen – nicht zu vergessen die frittierten *Kleina,* leckeren Kuchen und kleine Gerichte.

Wo?

Grasagarðurinn, Botanischer Garten, Laugadalur, Reykjavík, www.grasagardur.is
Ein zweiter Botanischer Garten, Lystigarður, befindet sich in Akureyi: Eyralandstofa, 600 Akureyri, www.lystigardur.akureyri.is

Wann?

Sommer: 10–19, Winter: 10–15 Uhr, das Sommerprogramm (Führungen und andere Veranstaltungen) findet man auf der Website unter Dagskrá.

Wichtiges

Flóran – Café und Bistro im Glashaus mit einer großzügigen Terrasse im Rosengarten, www.floran.is, ca. Mai–August tgl. 10–19 Uhr, Küche bis 18.30 Uhr, in der Nebensaison finden Konzerte oder Dinnerabende statt.

Vielfältige Flora und Fauna, Lichtsäulen bis weit in den Himmel.

Wer dem Trubel Reykjavíks entfliehen will, nimmt kurzerhand die Fähre und findet sich ein paar Minuten später auf der nur 1,7 Quadratkilometer kleinen Insel nördlich der Hauptstadt wieder.

Abwechslungsreiche Natur

Viðey mag klein sein, es gibt hier aber zahlreiche Wanderwege auf denen man die vielfältige Natur der Insel bewundern kann. Auch Vogelbeobachter kommen auf ihre Kosten: Wiesen und Sumpfpflanzen bieten rund dreißig verschiedenen Vogelarten wie der Eiderente und langschnabeligen Sorten wie der Bekassine und der Uferschnepfe ideale Brutplätze.

Die Geschichte Viðeys ist mit der Geschichte Reykjavíks eng verbunden. Skúli Magnússon (1711–1794, er gilt als der Gründer der Stadt Reykjavík) zog, nachdem er zunächst in Bessastaðir gewohnt und gearbeitet hatte, nach Viðey. Hier ließ er sich als Residenz das allererste Steinhaus überhaupt in Island errichten: Viðeyjarstofa. (Man bedenke, der Bau des Kölner Doms und der Hofburg in Wien begann bereits rund 500 Jahre früher.) Der repräsentative Bau ist über den Fjord Faxaflói von der Stadt aus gut zu sehen. Heute befindet sich in Viðeyjarstofa ein gemütliches Restaurant und Kaffeehaus nur wenige Meter von der Anlegestelle der Fähre entfernt.

Kunst zum Nachdenken

Dieser Tage ist Viðey vielleicht am bekanntesten aufgrund zweier moderner Kunstwerke: den 1990 errichteten neun Basaltsäulenpaaren Áfangar (Milestones) des US-amerikanischen Bildhauers Richard Serra und dem Imagine Peace Tower von Yoko Ono aus dem Jahr 2007. Diese Kunstwerke stellen einen wichtigen Verbindungspunkt zwischen Island und dem Rest der Welt her. Er lässt Isländer fühlen, dass sie Teil der Gemeinschaft sind und nicht eine vergessene Insel im eiskalten nordatlantischen Ozean.

Der Imagine Peace Tower wird jedes Jahr, unter anderem zwischen dem Geburts- und dem Todestag John Lennons (9.10.–8.12.), befeuert. Dann reichen riesige Lichtsäulen bis weit in den Himmel hinauf. *Imagine Peace* steht in vierundzwanzig Sprachen auf dem Turm. In Viðey, so nah und doch so weit weg vom Trubel der Stadt, kann man sich Frieden sehr gut vorstellen.

Wo?

Nördlich von Reykjavík im Fjord Faxaflói, https://reykjavikcitymuseum.is/videy-island

Wann?

Vor allem im Sommer, wenn die Vögel auf der Insel sind, oder aber zu Zeiten, zu denen die Lichtsäule erstrahlt.

Wichtiges

Überfahrt: Mit der Fähre von Skarfabakki im neuen Hafen (auch vom alten Hafen möglich). Im Sommer täglich, im Winter seltener und nur am Wochenende. Die Überfahrt von Skarfabakki dauert ca. 5 Minuten.

Was der erste Siedler und der Präsident der Republik gemeinsam haben.

Schaut man von der Südküste Reykjavíks über das Meer, erhebt sich in nicht allzu weiter Ferne ein kleiner Hügel mit ein paar eng beieinanderstehenden Gebäuden einschließlich einer Kirche. Sie stehen einsam auf weiter Flur, keine anderen Häuser sind in Sicht. Es wirkt fast, als thronten sie erhaben am Horizont. Dieser Eindruck täuscht nicht ganz: Es handelt sich um den Präsidialsitz und die Amtswohnung des Präsidenten der Republik Island.

Vom Ursprung Islands

Praktisch, könnte man zunächst meinen, den Präsidenten, der über den Parteien stehen sollte, nicht in der turbulenten Hauptstadt residieren zu lassen. Aber das wäre in Island kein Argument. Schließlich laufen selbst Demonstrationen, die es eher selten gibt, recht gesittet ab. Dass die politisch höchste Instanz des Landes gerade hier und dazu recht bescheiden beherbergt ist, kommt trotzdem nicht von ungefähr. Aller Wahrscheinlichkeit nach errichtete an dieser Stelle der erste Siedler Islands, Ingólfur Arnarsón, seinen Hof. Später wohnte Snorri Sturluson hier, der Autor der Prosa-Edda. Dieser Ort ist also fest mit dem Ursprung der Besiedlung und der mittelalterlichen Wikingerliteratur verbunden.

Bedeutende Bewohner

Die heutigen Gebäude stammen aus der Mitte des 18. Jahrhunderts. Als Island 1944 unabhängig und Sveinn Björnsson zum ersten Präsidenten des Landes ernannt wurde, erhielt Bessastaðir sogleich auch seine heutige Funktion. Björnsson hatte hier bereits seit drei Jahren seinen Wohnsitz und war zuvor der Ministerpräsident Islands unter der dänischen Herrschaft gewesen. Von 1980 bis 1996 hatte hier mit Vigdís Finnbogadóttir auch die weltweit erste Präsidentin eines Landes ihren Arbeits- und Wohnsitz.

Gehört man gerade nicht zu den geladenen Gästen, bleibt einem der geschichtsträchtige Blick über das Meer, in dem Wissen, dass dort Kabinette gebildet, Staatsgäste empfangen sowie Orden und Preise vergeben werden und sich hier die Geschichte Islands mit der Gegenwart verbindet.

Wo?

Bessastaðir liegt in der Gemarkung Garðabær im Ortsteil Álftanes am Bessastaðavegur. Die Straße endet dort.

Wann?

Auf Einladung oder wenn man anderweitig dort zu tun hat. Von weitem: Das ganze Jahr über, wenn die Sicht gut ist.

Wichtiges

Falls man Zutritt zum Haus hat, Zeit mitbringen: An den Wänden hängt isländische Kunst, es gibt eine Bibliothek, man kann mittelalterliche Ausgrabungen und die Geschenke ausländischer Staatsgäste bewundern.

Raubzüge übers Meer. Die Wikinger und ihre Schiffe werden zu Legenden.

Ohne die geniale und neuartige Bauweise ihrer Schiffe wären die Wikinger wohl nie zum Mythos geworden. Rauben, Plündern, Morden, Handeln: Das waren die Markenzeichen der Wikinger. Wohin auch immer sie auf ihren Raubzügen kamen, ging die Angst um – zurecht. Scheinbar wussten die Wikinger ganz genau, wo sie am besten plündern und an welchen Orten sie die ganze Beute danach gegen gutes Geld verkaufen konnten.

Kreativität und Mut zu Neuem

Dafür war eine Erfindung der Wikinger entscheidend: Sie bauten ihre Schiffsböden recht flach, was einen viel niedrigeren Tiefgang zur Folge hatte. So konnten sie auch weniger tiefen Flussläufen folgen und damit Niederlassungen im Hinterland erreichen. Die Wikinger in Island, einmal auf der Insel angekommen, haben, soweit bekannt, keine Beutezüge mehr in fremden Gewässern unternommen. Dafür waren sie einfach zu weit weg von anderen Besiedlungen. Im Museum Viking World steht ein solch typisches Wikingerschiff. Es ist eine Replika des Gokstad-Schiffes, das 1882 in Norwegen ausgegraben und um 870 gebaut wurde – also ungefähr zur Zeit der Besiedlung Islands. Trotz seiner 18 Tonnen Holz und 5000 eingeschlagenen Nägeln hat das 22,50 Meter lange Schiff nur einen Tiefgang von 1,70 Meter. Beachtenswert mag einem außerdem erscheinen, dass es, wie bei Wikingerschiffen üblich, keinerlei Aufbauten auf dem Schiff gibt. Die Besatzung war also Tag und Nacht unbarmherzig Wind und Wetter ausgesetzt. Und mussten die Männer sich mal erleichtern, blieb ihnen nichts anderes übrig, als den Allerwertesten über die Reling zu halten und sich bei höherem Wellengang besser gut festzuklammern. Gemütlich geht anders.

Beeindruckende Fahrt

Mit eben diesem Nachbau sind im Jahr 2000 tatsächlich acht isländische Seefahrer und eine Seefahrerin von Reykjavík nach Kanada und die USA aufgebrochen. Im Gegensatz zu früheren Zeiten wurden sie an allen Orten, die sie anliefen, freudig begrüßt. Schließlich kamen sie auch nicht zum Rauben, Plündern, Morden, Handeln, sondern ihr Ziel war schlicht zu beweisen, dass eine solche Überfahrt mit einem Wikingerschiff tatsächlich machbar ist.

Wo?

Vikingabraut 1,
260 Reykjanesbær,
www.vikingworld.is

Wann?

Das ganze Jahr über

Wichtiges

Im Museum gibt es außerdem noch eine Ausstellung zur heidnischen Götterwelt der Wikinger.

Götterdämmerung – im Himmel der Wikinger herrschte großer Andrang.

Bevor im Jahr 1000 auch Island christianisiert wurde, hing der Götterhimmel noch voll. Doch in Island angekommen, blieben die Wikinger nur für wenige Generationen Heiden. Immerhin war Island, nach langem Widerstand, das letzte Land rund um den Nordatlantik, das den christlichen Glauben angenommen hatte.

Verbundenheit und Glaube

Aber die heidnischen Götter sind bis zum heutigen Tag in Island allgegenwärtig. Sie sind Teil des Selbstverständnisses jedes Isländers. Firmennamen und Sportvereine werden nach ihnen benannt und Eltern schreiben Götternamen ins Taufbuch ihrer Neugeborenen. Auswahl genug gibt es ja. Tausende Gottheiten, Riesen, Elfen, Trolle und andere Wesen tummeln sich in den neun verschiedenen Welten, die sich allesamt im großen Lebensbaum Yggdrasill vereint finden.

Die wichtigsten unter ihnen sind der einäugige Óðinn (Odin, Wotan), ewiger Sucher nach Weisheit, Vater aller Götter, Gott des Krieges und Todes, aber auch der Poesie und Weisheit, der von seinem Thron in Walhalla aus alles überschaut. Seine Frau Frigg (Freitag!) ist die Göttin der Ehe, Fruchtbarkeit und Liebe. Þór, ein Sohn Óðinns, gilt als der Gott des Donners (Donnerstag!), für den er mit seinem mächtigen Hammer Mjölnir sorgt. Macht und Gerechtigkeit werden mit seinem Namen verbunden. Baldur, ein Sohn Óðinns und Friggs, ist der Gott des Lichts, der Unschuld, Wiederauferstehung und der Schönheit. Seine Achillessehne wurde ihm zum Verhängnis. Loki, der unmoralische und gemeine Sohn zweier Riesen und damit eigentlich kein Gott, sorgte für diese Misere. Freya, ähnlich wie Frigg, aber nicht mit ihr zu verwechseln, als Göttin der Fruchtbarkeit, des Frühlings, des Glücks und der Liebe ist der schiere Gegenentwurf zu Loki.

Götter hautnah

Bei diesen Namen kommt man auch fast nicht umhin, an Richard Wagners pompösen Ring des Nibelungen zu denken. Kein Wunder: Er stützte sich auf dieselben Quellen, von denen die Isländer ihre Götterwelt herleiten: der Prosa- und der Lieder-Edda aus dem 13. Jahrhundert.

Lebendig gehalten werden die Werte und Normen des heidnischen Glaubens bei den Ásatrú, der heidnischen Religionsgemeinschaft Islands.

Wo?

Vikingabraut 1, 260 Reykjanesbær, www.vikingworld.is. Eine der Ausstellungen im Viking World Museum handelt von den Göttern. Mit Audioguide, viel Kunst und Musik.

Wann?

Das ganze Jahr über

Wichtiges

Im Museum steht außerdem der originalgetreue Nachbau eines Wikingerschiffs.

Zu Ehren eines faszinierenden Dichters. Eine Kirche als Gedenkstätte.

Der nächste Ort, ja selbst der nächste Bauernhof, liegt einige Kilometer weit entfernt, und doch gehört die Hvalsneskirkja, die „Walhalbinselkirche", zu den bekanntesten Islands.

Dichter, Pfarrer, Ehemann

Einer der berühmtesten Geistlichen Islands war hier evangelisch-lutherischer Pfarrer, obwohl er sein Studium nie abgeschlossen hatte. Aber Hallgrímur Pétursson (1614–1674) galt als unglaublich begabt. Und so wurde der Charismatiker tatsächlich nicht nur zu einem der einflussreichsten Prediger, sondern auch zu einem der bekanntesten Dichter des Landes. Seine Passionspsalmen aus dem Jahr 1659 gelten als brillant. Man kann sie bis zum heutigen Tag kaufen und sie werden immer wieder neu vertont. Der Respekt und die Achtung, die die Isländer Hallgrímur noch heute entgegenbringen, lässt sich auch daran festmachen, dass die größte Kirche des Landes nach ihm benannt wurde: die Hallgrímskirkja in Reykjavík.

Seine Frau Guðríður Símonardóttir stammte ursprünglich von den Westmännerinseln. Er lernte sie kennen, als er ihr als Teil einer Gruppe von ehemals verschleppten und versklavten Isländern die isländische Sprache und Religion beibringen sollte.

Bis heute ist Hallgrímur der längstdienende Pfarrer dieser Gemeinde. Die Hvalsneskirkja gilt für die Isländer als Heiligtum zu Ehren Hallgrímur Péturssons und nebenbei als ein Ort, an dem die Geschichte greifbar ist.

Geschichte zum Begehen

Die erste Kirche an dieser Stelle wurde bereits um 1200 gebaut. Die heutige Basaltsteinkirche wurde 1886–1887 errichtet. Das verwendete Holz in der Kirche ist ohne Ausnahme Treibholz. Interessant ist auch die Mauer vor der Kirche. Diese ist eine der wenigen in Island, die ohne Mörtel gebaut wurde, und noch immer steht. Die Steine werden in den Zwischenräumen nur von Erde zusammengehalten.

Auch der mit Literatur- und Krimipreisen völlig zurecht geradezu überschüttete Arnaldur Indriðason – er ist von Haus aus Historiker – hat in seinem Kriminalroman *Noordermoor* der Hvalsneskirkja ein Denkmal gesetzt. Der Showdown seines Romans findet genau hier auf dem Friedhof vor der Kirche statt.

Wo?

Hvalsnes 246; südlich von Sandgerði an der Straße 45. Im Osten liegt der internationale Flughafen Keflavík.

Wann?

Das ganze Jahr über

Wichtiges

Im Frühjahr/-sommer auf die Vögel, die hier brüten, achten. Sie fliegen tief über die Straße und haben ihre Nester direkt am Straßenrand. Eine Kría kennt keine Angst und greift nicht nur Menschen, sondern auch Autos an. Bitte langsam und aufmerksam fahren.

Gunnuhver ist der Ort für ein wirklich heißes Date.

Bei Temperaturen bis zu 300 °C unter der Erdoberfläche dampft, sprudelt und blubbert es heftig hier. Gunnuhver ist das größte Schlammquellengebiet und der heißeste Ort des Landes. Dies macht man sich zur Wärme- und Energiegewinnung zunutze, doch ist die Quelle in einer sehr aktiven vulkanischen Zone immer mal wieder gut für Überraschungen.

Wo es spukt

Ihren Namen verdankt die heiße Quelle alten Volkserzählungen zufolge Guðrún Önundardóttir, genannt Gunna, die in Schulden getrieben, verzweifelt starb. Doch Gunna wollte nicht unter der Erde bleiben und schon in der Nacht ihres Begräbnisses begann sie, Tod und Verderben über das Gebiet zu bringen, angefangen mit dem grausamen Tod ihres Vermieters, der ihr letztes Hab und Gut pfänden ließ, und dessen Ehegattin. Erst ein Pastor hatte den rettenden Einfall, den Geist Gunnas mithilfe eines Wollknäuels zu der Schlammquelle zu locken und dort gefangen zu halten. Der Plan gelang: Gunna fasste das Fadenende und stürzte hinterher, als das Wollknäuel in die heiße Quelle rollte. Es heißt, in den nebligen Schwaden könne man seit jeher erkennen, dass sie noch immer darum kämpft, sich aus dieser Quelle zu befreien.

Dampfsäulen weisen den Weg

Die nebligen Schwaden erkennt man bereits aus der Ferne. An mehreren Stellen steigt Dampf auf und sofort wird klar: Hier bahnen sich enorme Kräfte einen Weg an die Erdoberfläche. Dampf, Gase und Wasser verändern die Oberfläche in blubbernde Schlammquellen und zischende Fumarolen (vulkanische Dampfaustrittsstellen). Die größte der Schlammquellen ist Gunnuhver, die auch dem ganzen Thermalfeld ihren Namen gegeben hat. Hier kocht wahrlich das Erdinnere an die Oberfläche. Die verschiedenen Gase verändern die Zusammensetzung des Gesteins und erzeugen die kräftig leuchtenden Farben, die den Ort wunderschön erscheinen lassen, obwohl es stark nach faulen Eiern riecht. Also nicht wirklich ein Ort, an dem man gedankenverloren umherschlendert. Holzstege machen es aber möglich, die Schlammquelle und Fumarolen aus der Nähe zu betrachten.

Wo?

Abzweigend von der Straße 425 der Beschilderung Gunnuhver und/oder Reykjanesvíti folgen. https://www.visitreykjanes.is/en/destinations/nature/geosites

Wann?

Das ganze Jahr über.

Wichtiges

Keinesfalls die Stege verlassen. Durch Erdbeben können sich die Austrittsstellen verschieben oder neue Schlammlöcher und Fumarolen entstehen.

Vom Bohrloch zum Besuchermagneten. Tiefenentspannung in der Blauen Lagune.

Im milchig-weißblauen Wasser der *Bláa Lónið,* der Blauen Lagune, lässt sich bei angenehmen Temperaturen herrlich baden. Das luxuriöse Spa, mitten im Reykjanes UNESCO Global Geopark gelegen, bietet alles für einen entspannenden Tag.

Bohrloch mit Nebeneffekt

Angefangen hatte alles mit Bohrungen zur Energiegewinnung in den frühen 1980er-Jahren. Das Wasser, das dabei austrat, wurde zwar abgeleitet, sickerte aber nicht wie erwartet durch die Lava zurück ins Erdreich, sondern bildete ein blaues Becken. Die Einheimischen, die sich zunächst über eine neu entstandene heiße Quelle freuten, stellten bald fest, dass das Quellwasser, das sich an dieser Stelle mit Meerwasser vermischt und so reich an Algen, Silizium und Mineralien ist, eine wohltuende Wirkung auf die Haut hat. Aus diesem Grund hat sich der Ort inzwischen zu einem Wellnessbad der Luxusklasse mit einer Hautklinik weiterentwickelt.

Abschalten und regenerieren

Die verschiedenen Becken mit dem milchig-weißblauen Wasser bilden einen wunderschönen Kontrast zu den mit Moos bedeckten, graubraunen Lavafelsen, in denen die Quelle liegt. Das Wasser ist das ganze Jahr über angenehme 37–40 °C warm. Da fällt es leicht, die Muskeln zu entspannen, die Augen zu schließen, sich treiben zu lassen und den vielen verschiedenen Sprachen um sich herum zu lauschen. So kommen schließlich auch die Gedanken zur Ruhe. Um der Haut etwas Gutes zu tun, kann man eine Siliziummaske auftragen, weshalb viele Badegäste ein bisschen wie Wassergeister aussehen, aber die weiche Haut ist dies allemal wert. Jetzt fehlt nur noch ein leckeres Getränk. Das kann man ganz einfach an der Bar im Wasser bestellen und hinterher beim vor sich hin dümpeln genießen. Gut vorgewärmt lassen sich Muskeln und Körper in der Sauna oder im Dampfbad noch weiter regenerieren, bevor man wieder ins warme Nass eintaucht. Komplett tiefenentspannt verlässt man dann das Wasser. Man freut sich über die samtige Haut und kann den Besuch mit einem kleinen Spaziergang rund um die Anlage und einigen Fotos vom Panoramadeck abschließen. Als Mitbringsel aus dem Urlaub kann man eines der hauseigenen Hautpflegeprodukte aus Silizium und Algen kaufen.

Wo?

Blue Lagoon Iceland, Norðurljósavegur 9, 240 Grindavík, www.bluelagoon.com. Restaurants und Café sind beim Wellnessbad und Spa-Bereich.

Wann?

Ganzjährig; im Winter mit etwas Glück sogar mit Nordlichtkulisse.

Wichtiges

Vorab reservieren ist absolut erforderlich, besonders für Massagen. Für Float Therapie genug Zeit mitbringen, damit sich der Aufenthalt bei den Preisen lohnt. Das Silizium verursacht strohige Haare – an Conditioner denken.

Wunderpflanze der Wikinger. Ein bis heute genutztes Heilmittel.

Bereits bei den ersten Siedlern Islands war *ætihvönn,* Arznei-Engelwurz, als vielseitige Pflanze bekannt, der medizinische sowie allgemein stärkende Eigenschaften zugeschrieben wurden, weshalb die getrockneten Wurzeln sogar als Tauschmittel zu gebrauchen waren. Und die Pflanzen aus dem hohen Norden galten als wirkungsvoller als Engelwurzpflanzen, die weiter südlich kultiviert waren.

Vom Heilmittel ...

Nutzpflanzen werden nur selten erwähnt in den alten Manuskripten. Eine Ausnahme bildet *ætihvönn.* Schon im altisländischen Rechtsbuch Grágás wurde der Diebstahl von Arznei-Engelwurz aus dem Garten eines anderen sogar mit einem Bußgeld oder Exil bestraft.

Im Mittelalter glaubte man daran, dass *ætihvönn* selbst die Pest heilen könnte und bei inneren Infektionen hilfreich sei, aber allgemein galt sie als stärkend, wärmend und entspannend bei Problemen mit Magen und Darm, und schleimlösend bei Problemen mit der Atmung und der Lunge. Jahrhundertelang halfen Tees, Auszüge und Tinkturen aus den Wurzeln, Blättern und Samen den Isländern, die oft in kalten und feuchten Behausungen wohnten und über lange Monate keine frischen Lebensmittel zur Verfügung hatten.

... zum Allrounder

Auch heute noch schätzen die Isländer diese Pflanze, die sie mit ihren Vorfahren verbindet. In der Naturheilkunde werden vor allem die Wurzeln genutzt zur Unterstützung gegen Bakterien, Viren und Pilze. Für den heimischen Gebrauch kann man sich in der *Jurtaapótek* Tee besorgen. In der modernen nordischen Küche, die auf authentisch isländische Zutaten setzt, wird Engelwurz gerne zum Würzen von Fleisch und Fisch oder zur Herstellung und Aromatisierung von Bitterschnaps und Kräuterlikören verwendet sowie als Gemüsebeilage serviert. Auf alten Traditionen aufbauend, aber neu interpretiert.

Ætihvönn wurde früher auf den Höfen angepflanzt und ist heute weit verbeitet an feuchten Standorten mit fruchtbaren Böden. Die starken Stängel mit ihren halbkugeligen Blütendolden erfeuen also nicht nur das Auge, sondern stehen ebenso für die Gesundheit und Geschichte Islands.

Wo?

Hvaleyrarvatn, Hafnarfjörður

Wann?

Abhängig von den Frühlingstemperaturen zwischen Mitte Juni bis Anfang August

Wichtiges

In der Kräuterapotheke *Jurtaapótek* mitten in Reykjavík ist *ætihvönn* als Heilmittel in verschiedenen Formen erhältlich: Laugavegur 70, 101 Reykjavík.

Zu Besuch bei einem Literaturnobelpreisträger.

Er gilt, lassen wir die mittelalterlichen Sagas und Eddas einmal außer Acht, als der Übervater der isländischen Literatur. Er gehört zum Kulturerbe des Landes, an ihm kommt kein Literaturfan vorbei. Würde in Fußballstadien Autoren gehuldigt, würde es dort jede Woche widerschallen: „Halldór Laxness Autorgott".

Erfülltes Leben

Sein eigener Herr ist das vielleicht bekannteste seiner Werke. Es bleibt aber müßig, einzelne Titel hervorzuheben. Halldór Kiljan Laxness (1902–1998) besaß die unglaubliche Fähigkeit, sich immer wieder neu zu erfinden, ja ganze Literaturströmungen neu zu entfachen. Als Krone seines literarischen Schaffens erhielt er 1955 den Nobelpreis für Literatur. In seinem Haus verkehrten mehr ausländische Gäste, als die Regierung in Reykjavík zu Besuch hatte. Gljúfrasteinn, so der Name seines Hauses gegenüber des Laxneshofes, nach dem sich der Schriftsteller nannte und kurzerhand ein „s" hinzufügte, galt zu Halldórs Lebzeiten als *das* kulturelle Zentrum Islands.

Nach seinem Tod wurde das Haus als Museum eingerichtet. Es wirkt fast so, als wäre Laxness nur mal eben auf einer seiner zahlreichen Auslandsreisen (von einer rief er seine Frau an, sie solle für ein Schwimmbad neben dem Haus sorgen bis er wieder zurück sei) und würde gleich nach Hause kommen und sich direkt wieder hinter seinen Flügel setzen, um Bach zu spielen, oder oben in seinem Arbeitszimmer an die Schreibmaschine. Vielleicht stöberte er aber auch erst in seiner Bibliothek. Dass man dort auch Bücher wie Die *Nebel von Avalon* findet, ist seiner Enkeltochter Auður Jónsdóttir, heute selbst erfolgreiche Autorin, geschuldet, die als Kind sehr oft bei ihm zu Besuch war.

Zuckerbrot und Peitsche

Die Isländer liebten und lieben ihn, auch wenn der erste Besitzer eines Jaguars auf Island ihre Lebensweise zuweilen kritisierte. So ließ er aus Amerika verlauten, er würde am liebsten für alle Isländer Zahnbürsten kaufen und überhaupt sei die Körperhygiene seiner Landsleute, nun ja, ausbaufähig.

Wo?

Im Mosfellsdalur, nur 20 Minuten mit dem Auto von Reykjavík, Richtung Þingvellir auf der 36.

Wann?

Ganzjährig. Infos und Öffnungszeiten zum Museum: https://gljufrasteinn.is. Bei schönem Wetter steht auch sein weißer Jaguar Mark 2 in der Auffahrt.

Wichtiges

Lesetipp: Halldór Laxness' Werke sind alle beim Steidl Verlag auf Deutsch erschienen, auch gibt es eine ausführliche Biografie von Halldór (sic!) Guðmundsson bei Luchterhand.

Eine riesige Badewanne mitten in der Natur: heiße Quellen zum Eintauchen.

Rauchtal bedeutet der Name und die heißen Quellen, die bereits den Wikingern das Überleben ermöglichten, bieten auch dem modernen Menschen Wohlfühlen pur.

Erst die Arbeit ...

Bereits vom Parkplatz aus sieht man die ersten Dampfsäulen aufsteigen und entlang des ungefähr halbstündigen Fußmarsches hinauf zur Badestelle (in gutem Schuhwerk, Badelatschen reichen nicht) stoßen heiße Quellen, Schlammtöpfe und Fumarole fauchend, zischend und blubbernd gefährliche Dämpfe aus. Schwefelgelb, dunkelrot, metallisch grau oder sogar kieselblau sind Erde, Wasser und Schlamm hier gefärbt, je nachdem, welche Minerale dort in der Erde schlummern. Der Schwefelgeruch gehört ebenso dazu wie die wunderschönen Farben. Der Vulkan Hengill ist zwar vor etwa 2000 Jahren zum letzten Mal ausgebrochen, doch das gesamte Gebiet ist immer noch eine aktive vulkanische Zone. Schmal und steil an der Seite abfallend, gibt der Wanderweg ein Stück bergan den Blick auf den Wasserfall Djúpagilsfoss frei, dessen weißes Wasser in mehreren Kaskaden ins Tal stürzt.

... dann das Vergnügen

Nachdem man die meisten Höhenmeter geschafft hat, öffnet sich die Landschaft in ein wunderschönes Tal, in dem aus verschiedenen Wasserstellen Wasserdampf aufsteigt. Im Sommer ist das sattgrüne Gras durchsetzt von bunten Farbklecksen; hier kolorieren Minerale die Erde und es wachsen leuchtend grüne Pflanzen am warmen Wasser. Wollige Schafe kauen in aller Ruhe ihr Gras. Möglicherweise ist auch gerade eine Reitergruppe unterwegs, weitere Reisegefährten tummeln sich entlang des Flusslaufs. Das mäandernde Flüsschen bildet verschiedene kleine Becken zum Eintauchen und Entspannen. Hier findet man bestimmt eine Stelle, deren Wassertemperatur das beste Wohlbefinden verspricht und kann dieses einmalige Geschenk der isländischen Natur in aller Ruhe genießen.

Wo?

Reykjadalur, bei Hveragerði: Parkplatz und einfaches Café

Wann?

Das ganze Jahr über, jedoch kann das Gebiet zeitweise geschlossen sein, um die Natur zu schützen.

Wichtiges

Aktives Hochtemperaturgebiet: auf markierten Wegen und aufmerksam bleiben! Durch Erdbeben können sich Spalten verschieben und neue Austrittsstellen entstehen. Temperatur des warmen Wassers unterschiedlich.

Für 700 Jahre der Nabel Islands – heute ein nahezu verlassenes Dorf.

Ein kleines Dorf oder ein großer Bauernhof? Man ist sich nicht so sicher, auf was man da zufährt. Was einem aber sofort auffällt, ist die für isländische Verhältnisse recht große Kirche, die gerade mal von zwei Handvoll Häusern flankiert wird.

Nicht nur Einöde

Tatsächlich steht man in der offenen Ebene – man sollte es kaum glauben – des im 12. und 13. Jahrhundert am dichtesten besiedelten Ortes Islands. Auch wenn man sich das heute kaum noch vorstellen kann, hier befand sich für sieben Jahrhunderte das kirchliche, politische und kulturelle Zentrum des Landes. Bei Skálholt handelt es sich um eine der ältesten Siedlungen überhaupt. Hier gab es schon im 9. Jahrhundert Häuser und Skálholt war der erste Bischofssitz überhaupt. Auch Schulen und natürlich Bauernhöfe standen hier, sogar eine Druckerei. 1630 geriet alles in Brand und wurde wieder aufgebaut. Bereits mehr als 250 Jahre versahen evangelisch-lutherische Bischöfe ihr Amt, als ein starkes Erdbeben die meisten Häuser einstürzen ließ. Der Grund, warum die erste Lateinschule des Landes und der Bischofssitz Ende des 18. Jahrhunderts nach Reykjavík verlegt wurde. Die Kirche in Skálholt, die hier heute steht, ist bereits die elfte.

Mord und Totschlag

Der für lange Zeit letzte katholische Bischof war zwar Jón Árason aus Hólar, er starb aber in unmittelbarer Nähe von Skálholt. Jón widersetzte sich lange Zeit der Reformation. 1550 wurde er auf einer Reise in den Westen gefangen genommen und mit seinen beiden Söhnen (Rom war weit und der Zölibat, nun ja ...) kurzerhand geköpft.

Die Kirche, in der oft Konzerte gespielt werden, besitzt noch eine alte Kanzel aus dem 17. Jahrhundert sowie Kirchenfenster von Gerður Helgadóttir und die Altarwand von Nina Tryggvadóttir, zweier bekannter, isländischer Künstlerinnen. Besucher der Kirche, die an derselben Stelle wiederaufgebaut wurde, wie alle Kirchen vor ihr, können sich an diesem Ort verbunden fühlen mit einem der wichtigsten Aspekte der isländischen Geschichte.

Wo?

Skálholt, 801 Selfoss; nördlich von Lagarás zweigt eine Straße von der Straße 31 ab nach Skálholt.

Wann?

Das ganze Jahr über

Wichtiges

Die Kirche ist normalerweise tagsüber geöffnet. Dort gibt es in einem Vorraum eine kleine Ausstellung zur Geschichte.

Tosende Wassermassen stürzen in die Schlucht.

Wie eine widerspenstige und zähe Tochter Islands ein Naturdenkmal rettete: Der Gullfoss Wasserfall gehört zu den beliebtesten Attraktionen des Landes, doch wäre er beinahe verloren gegangen.

Tosendes Wasser

In zwei Stufen donnern die Wassermassen des Flusses Hvitá in die siebzig Meter tiefe Schlucht und erzeugen einen Nebel aus glitzernden Wasserperlen. Kein Wunder, dass man bei einem Besuch mit Gletscherwasser eingesprüht wird. Im Sommer brechen die Sonnenstrahlen vor dem Hintergrund der schroffen, dunklen Felsen und leuchtend grünen Wiesen im Wasser. Im Winter bilden sich beeindruckende, massive Eiswände an den Felsen und Teile des Wasserlaufs sind bedeckt mit einem Eispanzer. Scheint die Sonne, wartet man nicht lange auf einen Regenbogen, der über dem Wasserfall erstrahlt.

Fast wäre diese isländische Perle der Natur jedoch einem Staudamm zum Opfer gefallen. Eine englische Energiegesellschaft wollte hier Anfang des 20. Jahrhunderts ein Wasserkraftwerk bauen. Der Eigentümer des Landes, auf dem der Gullfoss liegt, hatte den Engländern den Grund mit Wasserfall zwar verpachtet, jedoch nicht verkauft. In einem langen und zähen Rechtsstreit versuchte dessen Tochter Sigríður Tómasdóttir den Vertrag aufzulösen und den Bau somit zu verhindern. Dazu wanderte sie in mehreren beschwerlichen Reisen die etwa hundert Kilometer nach Reykjavík zu Fuß. 1929 wurde der Vertrag für nichtig erklärt, weil die Pacht nicht bezahlt war und der Wasserfall konnte als Naturdenkmal erhalten bleiben. An Sigríðurs unermüdlichen Einsatz erinnert ein Gedenkstein beim Wasserfall.

Ganz nah dran

Besonders nahe erleben kann man die tosenden Wassermassen von einer steinernen Plattform auf der oberen Wasserfallstufe. Die Plattform ragt in den Wasserfall hinein. Da es lediglich ein dünnes Seil als Schutzvorrichtung gibt, ist Vorsicht angesagt. Belohnt wird man dafür mit einem direkten Blick auf den reißenden Fluss, die Kaskaden und in die tiefe Schlucht.

Wo?

Straße Nr. 35, Gullfosskaffi: Restaurant und Ladengeschäft direkt beim Wasserfall

Wann?

Ganzjährig, bei schlechtem Wetter kann der Weg zur steinernen Plattform gesperrt sein.

Wichtiges

Regenkleidung und feste Schuhe mit gutem Profil mitnehmen.

Wo es brodelt, dampft und zischt. Sonnenstrahlen brechen in meterhohen Fontänen.

Die berühmte heiße Springquelle, die diesem Naturphänomen ihren Namen gegeben hat, ist der Große Geysir. Dieser schläft allerdings seit Jahrzehnten fast durchgängig, doch dafür ist der benachbarte Strokkur sehr aktiv, sodass man selbst bei einem recht kurzen Zwischenstopp das Emporschießen der Wassersäule mehrere Male erleben kann.

Nase zu und Augen auf

Bereits aus der Ferne sieht man die Dampfsäulen aufsteigen, die von Fumarolen und heißen Quellen verursacht werden. Sobald man aus dem Auto steigt, wird man vom Geruch fauler Eier empfangen. Doch das nimmt man gerne in Kauf für ein wundervolles Naturschauspiel. Neben dem Fußweg zu Strokkur und Geysir blubbert, faucht und zischt es, denn das gesamte Areal ist von brodelnden Schlammlöchern und Fumarolen, aus denen der heiße Schwefeldampf ausgestoßen wird, geradezu durchlöchert. Eine der schönsten heißen Quellen, Blesi, weist aufgrund ihrer Mineralablagerungen eine intensiv blaue Färbung auf. Andere heiße Quellen hinterlassen – im Gebiet verteilt – rote und braune Farbtupfer.

Während Geysir nur noch selten eine Wassersäule hervorbringt, bricht Strokkur besucherfreundlich alle 5–10 Minuten aus. Mit gezückten Kameras warten die Umstehenden. Erst bildet sich eine riesige Wasserblase in tiefen Blautönen, die sich immer wieder hebt und senkt. Sie wird größer und größer. Noch dauert es. Dann ist es so weit: Plötzlich schießt überraschenderweise (obwohl man die ganze Zeit darauf gewartet hat) das Wasser bis zu 35 Meter in die Höhe. Ein tolles Schauspiel, vor allem wenn die Sonnenstrahlen in den Wassertropfen brechen.

Auf historischem Boden

Auch die Wikinger lebten in diesem Gebiet. Durch die Aufforstung sieht es heute wohl so ähnlich aus wie zu Zeiten dieser Vorfahren. Auf das Waldstück sind die Isländer außerordentlich stolz. Es lohnt ein Abstecher zur alten Holzkirche Haukadalskirkja, die zu den ältesten Holzkirchen in Island zählt, für ein Waldbad oder ein Bad in der heißen Quelle Kúalaug.

Wo?

Haukadalur, Straße 35, www.hotelgeysir.is: Souvenirshop, Restaurant, Bistro und Kiosk sowie Campingplatz und Hotel; Haukadalskirkja, Straße F333; Kúalaug, neben der Straße F333, kurz vor der Kirche

Wann?

Das ganze Jahr über; Campingplatz Mitte Mai–Mitte Sept.

Wichtiges

Auf den vorgegebenen Pfaden bleiben. Ansonsten besteht die Gefahr, dass der Boden nachgibt und man seinen Fuß ungesunderweise in 70 °C heißem Wasser badet.

»Bereits aus der Ferne sieht man die Dampfsäulen aufsteigen, die von Fumarolen und heißen Quellen verursacht werden.«

Þingvellir – dramatische Landschaft und Wiege der Nation.

Jeder Schritt hier ist einer in die geologische und politische Geschichte Islands. Zerklüftete Gesteinsformationen scheinen eine lange Wunde durch die Landschaft zu treiben. Als würde die Haut der Erde aufgerissen, brechen tiefe Spalten das Lavagestein auseinander. Tatsächlich endet hier, zumindest geologisch, Amerika und beginnt, etwas tiefer liegend, die Eurasische Platte. Und so öffnet sich schon nach wenigen hundert Metern, die man zwischen kahlen Felswänden aus Basaltsäulen leicht bergab geht, eine ausgestreckte Talebene, durchzogen von kleinen Flussläufen. Hier wird die Bruchstelle, die quer durch die gesamte Insel verläuft, vielleicht am deutlichsten sichtbar und man kann zwischen den Kontinenten hin- und herlaufen.

Parlament und Unabhängigkeit

Doch die Einheimischen und Besucher kommen nicht nur der dramatischen Landschaft wegen, sondern weil es zudem einer der geschichtsträchtigsten Orte des Landes ist. Einfach mal die Augen schließen und in Gedanken auf Zeitreise gehen: Schon sitzt man zwischen Wikingern, ihren Pferden und Zelten. Derbe Sprüche fliegen hin und her, es wird gestritten und gelacht, Geschäfte werden getätigt, Ehen angebahnt – und ausgiebige Trinkgelage abgehalten. Denn genau hier befindet sich der älteste Parlamentsplatz der Welt. Hier haben sich die Abgeordneten jeden Sommer aus allen Landesteilen zusammengefunden, um ihre Gesetze zu beschließen und Recht zu sprechen. Þingvellir wurde zum Symbol der Unabhängigkeitsbewegung und am 17. Juni 1944 säumten Zehntausende trotz strömenden Regens die Talebene um selbst mitzuerleben, wie die Republik Island ausgerufen wurde.

Nationalpark

Þingvellir ist heute UNESCO-Weltkulturerbe, ein geschützter Nationalpark und den Isländern nahezu heilig. Es ist der Ort, der die Entstehung Islands verkörpert. Und wer zur rechten Zeit in Þingvellir ist, hat die Möglichkeit etwas Besonderes mitzuerleben: die frei zugänglichen Sonnenwendfeiern der Ásatrú, der friedliebenden Glaubensgemeinschaft des ursprünglichen, heidnischen Wikingerglaubens.

Wo?

50 Kilometer östlich von Reykjavík an der Straße 36. Der Parkplatz ist ausgeschildert und befindet sich auf N 64.26331, W 21.11694. www.thingvellir.is

Wann?

Þingvellir präsentiert sich zu jeder Jahreszeit anders – und immer reizvoll. Kein Wunder, dass viele Isländer viermal im Jahr hierherkommen.

Wichtiges

Wunderbare Natur ohne Lichtverschmutzung: Guter Spot für Nordlichter! Man kann in der Silfra-Spalte auch tauchen. Aber Achtung: Das Wasser ist so unglaublich klar und tief, dass manche Taucher Höhenangst bekommen!

Stolz auf die Vergangenheit. Ein ganzes Land feiert ausgelassen.

Am 17. Juni 1944 fand im strömenden Regen der zähe Kampf um die Unabhängigkeit des Landes seinen krönenden Abschluss, als an historischer Stätte die Republik Island ausgerufen wurde.

Goden und Könige

Die erste Zeit der Besiedlung (ab 870 n. Chr.) kann als erfolgreich und friedlich angesehen werden, denn es gelang, auf der unwirtlichen Insel eine Gesellschaft zu gründen und große Entdeckungsfahrten zu machen. Unterteilt in Godentümer wurden wichtige Entscheidungen in einer allgemeinen Versammlung *(Alþingi)* beschlossen. Gegen Ende des 12. Jahrhunderts begann jedoch eine Periode blutiger Familienfehden, in deren Verlauf sich der norwegische König die Vorherrschaft im Land sichern konnte. Etwa 200 Jahre später wurde das norwegische an das dänische Reich vererbt.

Der Kampf um Unabhängigkeit

Zwar sahen sich die Isländer immer als eigenständiges Volk mit einer eigenen Sprache, doch erst im 19. Jahrhundert erstarkte ein Nationalbewusstsein, das sich zu einer Unabhängigkeitsbewegung entwickeln sollte. Besonders Jón Sigurðsson setzte sich unermüdlich für eine Ablösung des Landes von Dänemark ein. In zähen Verhandlungen luchsten die Isländer Dänemark Stück für Stück weitere Selbstbestimmungsrechte ab. 1918 wurde Island ein unabhängiger Staat unter dänischer Krone und als Dänemark im Zweiten Weltkrieg von den Deutschen besetzt wurde, ergriff man die Gelegenheit, sich von einem handlungsunfähigen König als Staatsoberhaupt loszusagen. So wurde am Geburtstag Jón Sigurðssons in Þingvellir die Republik ausgerufen.

Feierlich und gesellig

Haben sie die offiziellen Feierlichkeiten erstmal hinter sich gebracht, gibt es kein Halten mehr für die Isländer und es wird ausgelassen gefeiert. Im ganzen Land bricht ein Volksfest los, das bis spät in die Nacht dauert – dunkel wird es ja nicht. Viele flanieren, eingedenk der Geschichte, in ihren traditionellen Trachten durch die Straßen und genießen die fröhliche Stimmung. Man erfreut sich an Livemusik verschiedener Stilrichtungen auf der Straße, trifft sich auf ein Getränk oder spielt auf einer Rasenfläche eine Partie Kubb, auch Wikingerschach genannt.

Wo?

Lögberg, Þingvellir ist zwar der historische Ort, dort wird am 17. Juni aber nicht gefeiert. Die offizielle Veranstaltung (auf dem Austurvöllur) und das größte Volksfestprogramm finden in der Hauptstadt statt. Zelebriert wird die Unabhängigkeit aber überall im Land.

Wann?

17. Juni

Wichtiges

Viele Isländer tragen an diesem Tag ihre Nationaltracht, Fähnchen gehören unbedingt dazu sowie eine Portion Humor, wenn das Wetter nicht wirklich mitspielt.

Vor den Toren Reykjavíks. Hoch hinaus – für Sportler und Genießer.

Ob strahlend in der Sonne, schneebedeckt, von blauen Lupinen gesäumt oder plötzlich in einer Nebelwand verschwunden, der Gebirgszug Esja bleibt ein Blickfang und zeigt einem von Reykjavík aus wie eine Kompassnadel immer den Norden an.

Von Feuer und Eis geschaffen

Zahlreiche Ausbrüche verschiedener Vulkane der Umgebung schichteten ein Bergmassiv auf, das später von den Eiszeitvulkanen wieder abgeschliffen wurde. In den Schichten wurden unterschiedliche Gesteinsarten abgelagert, weshalb Esja ein sich immer wieder wandelndes Erscheinungsbild hat und bekannt ist für sein Farbenspiel, das noch verstärkt wird durch den Kontrast mit dem Wasser des Fjords. Besonders die östlichen Gipfel Esjas, die Moskarðahnúkar leuchten bei Sonneneinstrahlung geradezu, was dem Rhyolitgestein zu verdanken ist. Kein Wunder, dass es die Menschen in ihrer Freizeit auf einer beliebten Wanderung auf den Berg zieht.

Trainingsroute für Sportfans

Während Freizeitwanderer die Natur genießen, doch mit jedem Höhenmeter wortkarger werden und etwas mehr schwitzen, flitzen die richtig Sportlichen in einem enormen Tempo nach oben. Diese schnellen Läufer haben selten einen Blick übrig für die Schönheit der Natur, sondern sind damit beschäftigt, ein durchdachtes Trainingsprogramm zu absolvieren. Denn viele nutzen den Aufstieg als Übungsstrecke für Marathonläufe oder anstrengende Mehrtageswanderungen und legen den Weg daher teilweise mehrmals pro Woche zurück. Doch ob man langsam oder schnell ans Ziel gelangt, die meisten gehen bis auf 600 Meter zum *Steinn* (Stein), einem markanten Felsen mit toller Aussicht. Wer genug hat, macht sich von hier aus wieder auf den Heimweg nach unten ins Tal, doch wer noch Energie verspürt, überwindet die letzten etwas schwierigeren Höhenmeter, in Felsen gehauene Ketten erleichtern das Kraxeln, hinauf zur 840 Meter hohen Spitze von Þverfellshorn, wo man mit dem guten Gefühl, es geschafft zu haben, und bei gutem Wetter mit einer wunderschönen Aussicht auf den Fjord belohnt wird, in dessen tiefblauem Wasser sich die Sonne und die vorbeiziehenden Wolken spiegeln.

Wo?

Die Wanderung zum *Steinn* oder Þverfellshorn beginnt hinter Mosfellsbær, direkt neben der Straße 1, der Parkplatz ist ausgeschildert als Esjastofa.

Wann?

Bei guten Wetterverhältnissen. Geübte machen die Wanderung zwar teilweise auch im Winter, aber dann braucht man Ausrüstung, die auch bei eisigen Stellen guten Halt bietet.

Wichtiges

Auf warme Kleidung achten. Oben kann es um einiges kälter sein als im Tal, schließlich überwindet man 800–900 Höhenmeter, www.vedur.is checken, bevor man losgeht.

Nützlich und schön, aber auch umstritten.

Mitte/Ende Mai geschieht endlich etwas in der Natur Island. Das Land erwacht zum Leben und jeden Tag sieht man mehr Grün. Teilweise hat man das Gefühl, man könne den Pflanzen beim Wachsen zusehen. Im Juni verändert sich die Landschaft dann noch einmal, wenn die Lupinen große Teile der Landschaft in ein blau-violettes Blütenmeer tauchen.

Schutz gegen Bodenerosion

Das Klima in Island sorgt dafür, dass Pflanzen nicht schnell wachsen und auch nicht sehr groß werden. Doch ist es vor allem der Mensch, der zum Beispiel durch Überweidung oder sorglosen Umgang mit der Natur dem Wind Angriffsflächen schafft, wodurch Bodenoberfläche abgetragen wird. Um dieser Bodenerosion entgegenzuwirken hat man im 20. Jahrhundert fremde Pflanzen eingeführt, um eine möglichst großflächige Pflanzendecke zu bekommen. Und eine Pflanze, die Alaska Lupine, hat sich als besonders geeignet erwiesen.

Die Alaska Lupine (Lupinus nootkatensis) ist anspruchslos, gedeiht auf armen Sandböden und kommt auch mit Halbschatten und den Temperaturen in Island zurecht. Die Lupinen bilden ein dichtes Wurzelgeflecht und sorgen so dafür, dass lockere Böden verdichtet werden. Sie reichern zudem den Stickstoffgehalt im Boden an, weshalb sie auch als Gründüngungspflanzen bezeichnet werden.

Zwei Seiten der Medaille

Umweltschützer sorgen sich um die kleineren einheimischen Pflanzen, die arme Böden brauchen und durch langsames Wachstum von den sich schnell ausbreitenden Lupinen verdrängt werden. Schafe und anderes Vieh können dabei den Lupinen nur bedingt Einhalt gebieten, denn ausgerechnet die Alaska Lupine enthält besonders viele Bitterstoffe, die die Schafe nur in kleinen Mengen vertragen. Doch der Schönheit der Lupinen kann man sich nicht entziehen. Denn eine Wanderung und ein Picknick im Hvalfjörður oder ein Aufstieg auf die Esja werden wunderschön eingerahmt, wenn die blau-violette Blütenpracht von zartgrüner Schafgarbe und den Stängeln von Engelwurz akzentuiert wird. Selbst an trüben Tagen hebt ein solcher Anblick das Gemüt, denn mit den Lupinen ist endlich der Sommer ins Land gezogen.

Wo?

Zum Beispiel auf dem Feld über dem *Geysir*. Aber eigentlich finden sich Lupinen fast überall. Die größte Verbreitung findet man im Südwesten und Süden, sowie im Nordosten des Landes.

Wann?

Je nach Frühlingsbeginn blühen die Lupinen ab Anfang/Mitte Juni bis Anfang/Mitte Juli.

Wichtiges

Man braucht auch in der Stadt nie lange zu suchen: Sogar in Reykjavík selbst blühen auf unbebauten Flächen manigfaltig Lupinen.

Die Landnahme und eine der wichtigsten Sagas Islands – eine Ausstellung

Das Jahr 871 plusminus 2 Jahre gilt als das Jahr, in dem Island von vogelfreien Norwegern besiedelt wurde. Diese mussten schnurstracks flüchten, wollten sie am Leben bleiben. Da sie gerüchteweise von einer möglichen Insel im Westen namens Thule gehört hatten, versuchten sie ihr Glück und segelten los. Irgendwann fiel ihnen auf, dass sie keine Frauen an Bord hatten. Und so begingen sie die Überfälle und Entführungen, für die die Wikinger gefürchtet waren und bis heute bekannt sind. Sie verschleppten Frauen von den Hebriden und brachten sie mit nach Island.

Die Erde vergisst nicht

Die genannte Jahreszahl lässt sich nicht etwa deshalb so genau eingrenzen, weil die Neuankömmlinge gleich damit angefangen hätten die Sagas und Eddas zu schreiben. Vielmehr konnte man in den Erdschichten zwischen zwei Vulkanausbrüchen Spuren menschlichen Lebens und Arbeitens finden. Und zwischen diesen Ausbrüchen lagen vier Jahre. Die Besiedlung Island begann demnach zwischen den Jahren 869 und 873. Die Landnahme ist für die Isländer auch heute noch ein wichtiger Bezugspunkt. Ohne diesen verwegenen Segeltörn gäbe es sie schlicht nicht. Es macht sie zu dem, was sie sind: Isländer. Tatsächlich gibt es Websites und Apps, auf denen jeder Isländer seinen Stammbaum zurückverfolgen kann. Da die Insel weit weg von jedem anderen bewohnten Land ist und deshalb über Jahrhunderte wenig außerisländische Verwandtschaftsverhältnisse eingegangen wurden, können sich die meisten sogar auf eine ungebrochene Vorfahrenkette bis hin zu eben genau diesen ersten Siedlern berufen.

Mittelalterlicher Generationenroman

Außer der Landnahme wird auch die *Egils saga* im Settlement Center in Borganes thematisiert. Die Saga von Egill Skalla-Grímsson beginnt im Jahr 850 mit dem Leben von Egils Großvater, der noch in Norwegen lebte und endet Generationen später im Jahr 1000 mit Egils Enkeln. Egill ist ein streitsüchtiger Kerl, der schon im zarten Alter von sieben Jahren seinen ersten Mord begeht und damit seiner eigentlich friedliebenden Familie keinen guten Dienst erweist. Und wie es sich für eine richtige Saga gehört, kommt neben der Gewalt auch die Liebe nicht zu kurz. Wobei für die Sagas das gleiche gilt wie für die Isländer: Sie sind zuweilen recht trocken und das Wichtigste wird zwischen den Zeilen mitgeteilt.

Wo?

The Settlement Center,
Brákarbraut 13–15,
310 Borganes, www.landnam.is

Wann?

Das ganze Jahr über

Wichtiges

Egill ist in Borganes aufgewachsen. Die Landnahme und Egils saga werden in Schaukästen mit großen Holzfiguren nachgestellt. Im Settlement Center befindet sich auch ein gutes Restaurant.

Dorfmittelpunkt und monopolisierter Alkoholladen in einem.

Eigentlich ist an den Tankstellen immer etwas los. Vor allem, da auf dem Land, also fast überall, Tankstellen eben nicht nur Tankstellen sind, wie wir sie kennen.

Gut vorbereitet

So ist es in Island keine gute Idee, mit einem halbleerem Tank an einer Tankstelle vorbeizufahren: Sie liegen teilweise weit auseinander und schließlich weiß man nie, ob man nicht irgendwo steckenbleibt und die Nacht notgedrungen bei laufendem Motor und mit hochgeschalteter Heizung im Auto verbringen muss.

Borgarnes ist zwar nur etwa eine Autostunde von Reykjavík entfernt, hier liegt aber direkt am Ortseingang gleich eine ganze Armada von Tankstellen. Der Ort gilt den Isländern schon fast als obligatorischer Halt Richtung Norden. Und hat man, von dort kommend, stundenlang hier und da nur ein paar verstreute Bauernhöfe, Pferde und Schafe auf den Weiden links und rechts der Straße gesehen, erscheinen einem die fahlen Lichter einer schnöden Tankstelle wie ein Verheißungsversprechen der Zivilisation.

Wo sich Wege kreuzen

Man könnte meinen, Tankstellen fristen in der öden Wildnis am Dorfrand ein einsames Dasein. Doch weit gefehlt. In Borgarnes zeigt sich im Großen, was sie in Wirklichkeit sind: der soziale Mittelpunkt eines Ortes. Sie beherbergen fast immer einen (Mini-)Supermarkt und ein Restaurant, in dem man sich mit kleinen Gerichten stärken kann. Die Klassiker: Hotdog und Lammfleischsuppe. Hier gibt es alles, was man zum Leben braucht: Kleidung, Bücher, Hufeisen, das Wichtigste, um sein Auto am Laufen zu halten und natürlich Alkohol. Hinter einem, mit Metallgittern abgesonderten und abschließbaren Teil befindet sich die *Vinbúðin,* der staatlich monopolisierte Alkoholladen. Man hat sich für diese pragmatische Lösung des Verkaufs in Tankstellen entschieden, selbst wenn auch hier Alkohol und Autofahren nicht zusammengehören. Kein Wunder also, dass die meisten Einheimischen fürs Wochenende am Freitagmittag nicht zum Tanken, sondern auf einen Kaffee und gemütlichen Tratsch an der Tankstelle vorfahren.

Wo?

In Borgarnes an der Ringstraße, Übersehen unmöglich; ansonsten überall im Land, auch eine einzelne Zapfsäule, angegliedert an einen Bauernhof irgendwo einsam auf offener Strecke, ist typisch.

Wichtiges

Was man immer im Auto haben sollte: Eine Schaufel (zum Schnee schippen), eine Decke (zum Warmhalten), genügend Wasser (zum Trinken). Alkohol gibt es an Wochentagen nur bis 18 Uhr. Dann wird das Metallgitter unerbittlich und ohne Ausnahme bis zum nächsten Morgen geschlossen.

37

BORGARNES, TANKSTELLE

Wo Geschichte gemacht und Geschichten geschrieben wurden.

In Reykholt, einem der isländischen Machtzentren des Mittelalters, befindet sich noch immer eine Badestelle bei einer heißen Quelle, die nach Snorri Sturluson, einer der bedeutendsten isländischen Persönlichkeiten des 13. Jahrhunderts benannt ist. Aus alten Überlieferungen sind heiße Quellen bekannt, die schon zu Wikingerzeiten in Gebrauch waren, doch nur wenige sind noch zu besuchen.

Federführend

Snorri Sturluson (1179–1241) war eine der einflussreichsten Personen des Mittelalters. Als Politiker und Gesetzessprecher schmiedete er Bündnisse und Strukturen, die wesentlichen Einfluss auf die Geschichte Islands haben sollten. Das Land war innerlich zerrissen sowie von außen bedroht, denn der norwegische König wollte Island seiner Krone unterwerfen. Von seiner ersten Norwegenreise wurde Snorri 1220 vom König zurückgeschickt, um genau dies zu erreichen. Doch Snorri gab sich mit diesem Unterfangen wenig Mühe. Obwohl er ein gewiefter Politiker war und als Geschichtenerzähler geschätzt wurde, gewannen seine politischen Gegner schließlich die Oberhand und ermordeten ihn im September 1241 in Reykholt.

Als Geschichtenerzähler, Autor und Poet bewahrte Snorri nordisches Kulturgut in seinen Werken. Als Autor schrieb er über Mythologie, die Geschichte der norwegischen Könige, er verfasste Gedichte und ein Lehrbuch für *Skalden* (höfische Dichter). Auch die *Egils saga* wird ihm zugeschrieben.

Machtzentrum

Die Lage seines Anwesens war gut gewählt, denn Reykholt lag an wichtigen Handelsrouten und auch aus militärischer Sicht war es geschickt positioniert. Als kirchliches Zentrum gab es hier Gelehrte, die ihn bei der Aufzeichnung seiner Schriften unterstützen konnten. Letztendlich bot dieser Ort aber keinen Schutz vor seinen Mördern.

Wenn man also heutzutage die schön hergerichtete heiße Quelle besucht, fragt man sich unweigerlich: Wie mag sein Leben wohl gewesen sein, hat er hier politische Schachzüge geplant und Verse für die Nachwelt ersonnen?

Wo?

320 Reykholt;
Wer sich für Geschichte interessiert, kann das Museum über Snorri besuchen: Snorrastofa, www.snorrastofa.is

Wann?

Das ganze Jahr über

Wichtiges

Die Quelle ist ein Kulturdenkmal und keine Badestätte. Baden kann man in einem Bad bei der heißen Quelle Deildartunguhver in der Nähe: Krauma Natural Geothermal Baths, www.krauma.is

Gletscherwasser, das aus Lava quillt – und ein tragischer Unfall.

Man scheint seinen Augen kaum zu trauen, sobald man auf der Plattform angekommen ist. Gleich zwei Wasserfälle kann man von hier bestaunen. Zuerst fallen die Hraunfossar, die Lavawasserfälle, auf. Bemerkenswert ist nicht die Höhe, aus der das Wasser in den Fluss stürzt, sie beträgt lediglich zwölf Meter. Es ist vielmehr ihre sagenhafte Breite von siebenhundert Metern. Es ist das eiskalte Wasser zweier Gletscher, das sich hier seinen Weg durch das rund eintausend Jahre alte, poröse Lavagestein bahnt, bevor es nach draußen quillt und schließlich in kleinen Kaskaden an der Abbruchkante in den Fluss Hvitá fällt. Ein immenses Schauspiel, das auch für Isländer ein besonderes ist.

Die Legende der ertrunkenen Kinder

Der andere Wasserfall ist vergleichsweise klein, dafür aber sagenumwoben und somit untrennbar mit der isländischen Geschichte verbunden: Den beiden Söhnen eines nahegelegenen Bauernhofs war es von ihren Eltern untersagt worden, an Weihnachten mit zur Messe zu gehen. Sie machten aber genau das und überquerten dabei eine natürliche Steinbrücke über einem Wasserfall. Der Bogen brach ein, die Jungen ertranken im Wasser. In ihrer Trauer zerstörte die Mutter die Brücke. Deshalb heißt dieser Wasserfall Barnafoss, Kinderwasserfall. Die Steinbrücke, die hier bis heute zwei Felsen verbindet, muss also eine andere sein. Da diese Stelle sehr eng ist, schießt das Wasser mit hoher Geschwindigkeit durch den schmalen Spalt.

Gesundes Naschen nebenbei

Läuft man ein Stück entlang der Wasserfälle auf der gegenüberliegenden Seite, kann man im Spätsommer mit der Hand durch die Sträucher streichen und schon hat man ein paar Beeren gesammelt. Sie mögen etwas sauer schmecken, sind aber nährstoffreiche Vitamin-C-Bomben. Man kann die *bláber* auch im Laden kaufen, aber viele Isländer haben ihren eigenen Beerensammelort, wo sie mit Körben ausgestattet ihren Vorrat für den Winter (man kann die Beeren auch gut einfrieren) anlegen – und natürlich auch gleich welche beim Sammeln naschen.

Wo?

Von Borgarnes aus auf die Straße 50, dann an Reykholt vorbei auf die 518.

Wann?

Die beiden Wasserfälle bieten das ganze Jahr über ein abwechslungsreiches Naturschauspiel.

Wichtiges

Die Vegetation ist sowohl im Sommer als auch im Winter reich und farbenfroh.

Die unorthodoxe Entdeckungsreise nach Amerika. Lange vor Kolumbus.

Isländer sind ein reiselustiges Völkchen. Das liegt ihnen im Blut, schließlich waren es Norweger, die sich ursprünglich bis hierher trauten. Erik der Rote und Leifur der Glückliche trieb es sogar noch weiter in den unbekannten Westen.

Freiheit wider Willen

Das Reise-Gen kam sehr gelegen, waren die ersten Siedler doch nicht ganz freiwillig unterwegs, denn es waren in Norwegen zu vogelfrei Verurteilte, die sich gezwungenermaßen auf den Weg machten und auf Island landeten.

So auch Erik der Rote, der als einer der ersten Siedler auf die Insel kam und mit seiner Frau Þjóðhildur im Haukadalur in den Westfjorden seinen Hof Eiríksstaðir mit einem Lang- und einem Grubenhaus errichtete. Dort wuchs ihr Sohn Leifur auf. Dumm war nur, dass Erik 982 für drei Jahre verstoßen wurde, da er zwei Männer tötete, die zuvor widerum zwei seiner Sklaven ermordet hatten. Also bestieg Erik sein Schiff und segelte noch weiter nach Westen.

Die Reise geht weiter

Vielleicht würde er ja von der Erde fallen, im besten Fall aber bisher noch unbekanntes Land erreichen. Das fand er tatsächlich und nannte es Grünland. Nach den drei Jahren kehrte er zurück, nahm Frau und Kind mit und warb Personen an, um mit ihm zu gehen, und so besiedelten sie Grönland, das alles andere als grün war.

Sein Sohn Leifur segelte, freiwillig, sogar noch weiter gen Westen und entdeckte 1021 ein neues Land, das er Vínland, Weinland, nannte. Er blieb dort mit seiner Frau und sie bekamen ein Kind. Doch letztendlich segelten sie, auch wenn das Land unglaublich fruchtbar schien, wieder zurück. Es gab einfach zu viele Unstimmigkeiten mit den dortigen Ureinwohnern. Leifur war damit der erste Europäer, der Amerika entdeckte, sage und schreibe 471 Jahre vor dem berühmten Kolumbus.

Auch wenn vor allem sein Vater Erik der Rote – der Beiname entstand wegen seiner roten Haare und des Blutes an seinen Händen – milde gesagt eher ein Raufbold als Gentleman war, so identifizieren sich doch viele Isländer mit ihnen schon allein wegen des gemeinsamen Reise-Gens und sie sind sogar stolz auf die beiden – nicht ganz zu Unrecht.

Wo?

Eiríksstaðir liegt in den Westfjorden und man erreicht es von der Straße 60 auf die 586 abbiegend www.eiriksstadir.is

Wann?

Im Sommer

Wichtiges

Die ehemalige Wohnstätte Erik des Roten liegt heute noch so wie damals: im weiten Umfeld gänzlich alleine. Es ist also kein Fehler, Verpflegung mitzunehmen. Es gibt kein Café und keinen Laden in der Nähe.

Warme und kalte Mineralwasserquellen zum Schwimmen und Trinken.

Die heißen Quellen Islands sind berühmt und schenken den Menschen Entspannung und Badegenuss. Doch auch das kalte Wasser ist etwas Besonderes. Für Isländer ist es selbstverständlich, immer und überall Zugang zu reinem Quellwasser zu haben und sie wissen ihre riesigen Wasservorräte als eine der größten Kostbarkeiten des Landes zu schätzen.

Scheinbar unerschöpflich

Als Ausländer kann man es meist nur schwer ertragen, wenn Isländer den Wasserhahn minutenlang laufen lassen, um ein einziges Glas *richtig* kaltes Wasser zu bekommen. Isländer dagegen argumentieren, man müsse erst mal die Leitungen durchspülen, damit der Geschmack fauler Eier, der durch den Schwefelgehalt heißen Wassers entsteht, verschwindet, und zudem würde das Wasser sonst vom Gletscher ins Meer fließen, wenn man es nicht anzapfe. Hier ist man es seit jeher gewohnt, dass man über unerschöpfliche Wasservorräte verfügt. Man genießt es zu Hause, in jedem Restaurant steht es gratis auf dem Tisch und im ganzen Land ist es nicht weit bis zum nächsten Schwimmbad mit *Hot Pots.*

Privilegiert

Besonders stolz macht die Isländer, dass ihr Wasser vielerorts Gletscherquellen entspringt, durch dicke Lavaschichten gefiltert und mit Mineralien angereichert wird. Es ist rein, extrem weich und alkalisch, weshalb es wirklich lecker schmeckt und wohltuend für den Körper ist. Das geht nicht nur den Menschen so, sondern auch Flora und Fauna gedeihen durch dieses Wasser prächtig. So ist etwa der See Þingvallavatn bekannt für seinen Fischreichtum, da die besondere Zusammensetzung des Wassers viele Nährstoffe enthält.

Ab und an trifft man auch noch auf besondere Quellen, wie das Mineralwasserschwimmbad in Lýsulaugar und die kalte Trinkwasserquelle Ölkelda. Bei letzterer sprudelt das Wasser aus der Erde und hinterlässt durch den hohen Eisengehalt eine rötliche Spur. Die Besitzer des Hofes, auf dem diese Quelle liegt, sowie die Ortsansässigen sind sich jedenfalls sicher, dass die Quelle besondere Heilkräfte besitzt. Und weil auch dieses Wasser zu den Schätzen des Landes gehört, machen es die Besitzer jedem möglich, es zu genießen.

Wo?

Lýsulaugar, Snæfellsnes, Abzweigung von der Straße 54 auf den Lýsuhólsvegur; Ölkelda, an der Straße 571, die von der 54 abzweigt; bei Ölkelda kann man für den Privatgebrauch Wasser aus dem Wasserhahn zapfen. Es wird um eine kleine Spende gebeten.

Wann?

Lýsulaugar ist nur während der Sommermonate für Badegäste zugänglich, Ölkelda das ganze Jahr über.

Wichtiges

Grundsätzlich kann man Wasser aus kalten (!) Quellen und Bächen trinken. Dabei sollte man allerdings darauf achten, dass dort keine Landwirtschaft und Tierhaltung betrieben wird. Immer oben am Wasserlauf Wasser entnehmen.

Inspiration für Künstler und Autoren, spiritueller Ort für alle Menschen.

Es ist eine Landschaft aus scheinbar endlosen Lavafeldern, Kratern, Felsenhöhlen und schwarzen Stränden und einem besonderen hellen Strand, die das Snæfellsjökull-Vulkansystem über die Jahrhunderte geschaffen hat. Stolz wird das Gebiet heutzutage als Nationalpark geschützt.

Magisch

Im Südwesten Islands, bei gutem Wetter weithin sichtbar, hat der Gletscher Snæfellsjökull über die Jahrhunderte Autoren und Künstler inspiriert und Menschen spirituell beeinflusst. Bárður, mit Trollblut in seinen Adern, soll hier gelebt haben, zunächst in der Höhle Sönghellir, danach auf einem Hof. Doch nach einer Auseinandersetzung mit seinem Halbbruder verschwand er der Sage nach im Snæfellsjökull, wo er heute noch lebt und seine Schätze, die er im Krater Bárðarkista versteckt hat, bewacht. Für Jules Verne lag im Snæfellsjökull der Eingang zum Mittelpunkt der Erde, andere vermuten hier Ley-Linien (energetische Verbindungslinien), die sich unter dem Berg kreuzen, und halten Snæfellsjökull für eines der sieben Chakren der Erde.

Faszinierende Landschaft

Auch wenn man dem Berg keine Magie zuspricht, ist man doch beeindruckt von der Schönheit und Vielfalt der geologischen Gegebenheiten und der Natur: Bizarre und beeindruckende Lavaformationen (ist eine der beiden Felsnadeln, Lóndrangar genannt, etwa eine Elfenkirche oder ein Elfenschiff?) sowie Lavafelder, deren hartes Gestein von dicken, olivgrünen Mooskissen bedeckt ist. Dazwischen verstecken sich in windgeschützten Kuhlen zahlreiche Wildblumen. Und im Herbst weisen die roten Blätter der Beerensträucher den Weg zu Heidel-, Rausch- und Krähenbeeren. Bei Djúpalónssandur, am schwarzen Strand, beruhigt der Klang der hohen Wellen, die die Steine nach oben schieben und wieder hinunterkullern lassen, das Gemüt. Den Steinen, *Djúpalónsperlur* genannt, verleiht das Wasser einen besonders schönen Glanz. Mit etwas Glück läuft einem hier sogar ein Polarfuchs auf seiner Route entlang der Küste über den Weg. Eine Landschaft, um zu entschleunigen und zu sich zu kommen, was schon an sich eine Art von Magie darstellt.

Wo?

Westende der Snæfellsnes-Halbinsel, https://ust.is/english/visiting-iceland/snaefellsjokull-national-park; Von der Straße 54 auf die 574, diese führt durch den Nationalpark (Küste); die 570 führt über den Berg (kann gesperrt sein, siehe www.road.is)

Wann?

Das ganze Jahr über

Wichtiges

Die Natur in Island ist geschützt. Es ist nicht erlaubt, Naturmaterialen wie etwa *Djúpalónsperlur* mitzunehmen.

Von reicher Mittel-alterhandschrift zum Urlaubstraum.

Fast 3000 Inseln befinden sich im Breiðafjörður, dem Fjord zwischen der Halbinsel Snæfellsnes und den Westfjorden, aber nur noch diese eine ist das ganze Jahr über bewohnt.

Etwas für Eremiten

Man braucht schon dieses ganz besondere Insel-Gen, wenn man hier das ganze Jahr über wohnen möchte. Die hier Geborenen wissen: Fast niemand, der nicht ursprünglich von hier kommt, hält das aus. Und selbst diejenigen, die hier geboren sind, ziehen oftmals weg. Im 17. Jahrhundert lebten noch mehr als hundert Menschen auf Flatey, heute sind es weniger als zehn. Kein Wunder, erstreckt sich die Insel doch maximal über zwei Kilometer in der Länge und fünfhundert Meter in der Breite. Insgesamt kommt sie gerade mal auf einen halben Quadratkilometer Fläche – dabei ist Flatey die größte Insel im Fjord. Ein ausgedehnter Abendspaziergang bedeutet: Runden laufen.

Dafür geht es im Sommer hoch her. Viele Isländer und Besucher verbringen hier einen Teil ihrer Ferien. Vor allem Vogelbeobachter kommen voll auf ihre Kosten. Unter anderem brüten hier Papageitaucher und Eiderenten. Flatey war schon zu Beginn der Besiedlung Islands bewohnt. Das Klima ist relativ gut, reiche Fischgründe vor der Haustür machen das Fischen leicht und der natürliche Hafen könnte günstiger nicht beschaffen sein.

Kleine Insel mit großer Geschichte

Man sollte es kaum glauben, aber auf Flatey befindet sich die zweitälteste und wohl kleinste Bibliothek Islands. Der letzte katholische Bischof hat sogar eine Buchdruckpresse hierher bringen lassen: Zeugnisse des früheren Inselreichtums. In der Kirche reiben sich so manche Besucher die Augen. Der isländische Maler Baltasar hat auf einem großen Fresko Jesus im Islandpullover abgebildet. Als Modell diente ihm einer der Inselbewohner.

Historischer Zeuge wie bedeutend die Insel einst war, ist das Flateyjarbók aus dem 14. Jahrhundert, eines der wichtigsten isländischen literarischen Sammelwerke der Sagas. Es wurde zwar nicht hier geschrieben, aber für lange Zeit auf Flatey aufbewahrt.

Man wandelt hier also auf historischen Spuren, wie kurz sie aufgrund der Inselgröße auch sein mögen, auf die jeder Isländer stolz ist.

Wo?

Im Westen, mitten im Breiðarfjörður

Wann?

Auch wenn die Fähre das ganze Jahr über fährt: Man sollte die Insel im Sommer genießen, außer natürlich man möchte sich als Einsiedler üben.

Wichtiges

Mit der Fähre Baldur, von Süden ab Stykkishólmur, von Norden ab Brjánslækur. Der Fährdienst findet sich hier: www.seatours.is/our-ferries/baldur. Autos sind auf der Insel nicht erlaubt.

Den Blick über das Meer, die Füße im Sand, Idylle ohnegleichen.

Der Weg zum Strand Rauðasandur ist nicht ungefährlich und nur bei gutem Wetter zu empfehlen. Ist man aber einmal über die mitunter abenteuerlich zu befahrende Piste über den Berg, wird man mit einer atemberaubenden Aussicht auf den Rauðasandur, den Strand mit dem roten Sand, über Gebühr belohnt. Vorher sollte man aber hoffen, dass einem in einer der engen Kurven, die nur so breit wie ein Auto sind, niemand entgegenkommt. Der einzige Ausweg wäre – ob der steil aufragenden Bergwand auf der einen Seite und der steil abfallenden Bucht auf der anderen – nur, dass einer von beiden rückwärts fährt. Was bei der Enge und dem Untergrund nicht unbedingt eine leichte Übung darstellt.

Sand zwischen den Zehen

Zehn Kilometer lang ist der Strand an diesem Fjord, zehn Kilometer feinster heller Sand, der je nach Licht rötlich schimmert, auf dem man am besten mit nackten Füßen spazieren geht und die Seele baumeln lässt. Wenn es einen Ort auf dieser Welt gibt, an dem man entspannen und zur Ruhe kommen kann, dann hier. Die Aussicht ist so schlicht wie sagenhaft. Man kann sich gar nicht satt sehen am Sand, Wasser, Himmel, den Klippen und ein paar Vögeln. Mehr ist es nicht, und doch ist es so viel.

Wie ein Einsiedler

Hier möchte man nie wieder weg – zumindest, wenn das Wetter mitspielt. Und wer deshalb auch nach einem Tag an diesem herrlichen Strand nicht genug bekommt, kann direkt dort, auf dem Campingplatz an einer Bergwand, übernachten. So kann man den Tag mit einem Blick auf das unendliche Meer, bei dem man nach Süden hin auch die Halbinsel Snæfellsnes sieht, ausklingen lassen. Sowieso lohnt sich ein Kaffee mit Waffel und Schlagsahne auf der Caféterrasse mit Blick auf den Strand. Mehr Gebäude stehen hier nicht. Die Schönheit Rauðasandurs bleibt so unangetastet und man scheint (fast) alleine auf der weiten Welt, die nur über diese steile Klippe, durch die lediglich eine sehr enge Stein- und Schotterpiste führt, mit diesem Ort verbunden ist.

Wo?

Westfjorde, an der 614

Wann?

Im Sommer bei trockenem Wetter

Wichtiges

An manchen Stellen im Osten brüten *kría* (Küstenseeschwalben), die einem gern auf den Kopf picken, wenn man nicht etwas (z. B. einen Stock) über sich hält.

Auge in Auge mit den Papageitauchern. Von Stille keine Spur.

Es kann ganz schön zugig sein am westlichen Ende Islands. Doch viele nehmen die steife Brise in Kauf, um an den majestätischen Steilklippen Seevögel zu beobachten und den berühmten Papageitauchern einmal ganz nahe zu kommen.

Bjargtangar

Es ist ein holpriger Weg zum Ziel, denn die letzten 40 Kilometer der Schotterstraße sind von Schlaglöchern übersät und an einigen Stellen recht eng, was die ganze Aufmerksamkeit erfordert und einige Zeit in Anspruch nimmt. Doch dann taucht ein schlichtes Leuchtfeuer auf, das den westlichsten Punkt Islands markiert (Bjargtangar). Nächster Stopp von hier: Grönland, knappe 300 Kilometer Luftlinie. Grönland sieht man zwar nicht, aber bei klarer Sicht den südlicher gelegenen Gletscher Snæfellsjökull. Am Parkplatz beginnt auch der Fußweg entlang der etwa 14 Kilometer langen markanten Steilklippe. Es gibt also ausreichend Platz, in Ruhe Vögel zu beobachten, auch wenn man es am Parkplatz zunächst recht voll findet.

Vogelstimmen

Normalerweise ist man von der tiefen Stille der isländischen Natur überwältigt. Doch nicht so bei Látrabjarg. Hier herrscht wildes Geschrei und Vogelkreischen, denn die bis zu 440 Meter hohen, steil abfallenden Felswände bieten abertausenden Vögeln einen Nistplatz, an dem sie vor natürlichen Feinden geschützt sind. Beliebtestes Motiv sind die Papageitaucher, diese an Land etwas tollpatschigen, schwarzweißen Vögel mit ihrem leuchtend orangefarbenen Schnabel. Tatsächlich verstecken sich die Tiere zwar in ihren Bruthöhlen direkt unterhalb des Felsrandes, zeigen aber grundsätzlich wenig Scheu vor Menschen, weshalb man mit etwas Geduld und Ruhe zauberhafte und lustige Schnappschüsse machen kann. Doch auch andere Arten wie Trottellummen, Tordalke, Kormorane, Eissturmvögel und zahlreiche Möwen nisten in der Steilklippe. Die Seevögel kreisen mit Futter im Schnabel über dem Wasser und den Felsen, um ihre Jungen wiederzufinden. Gut möglich, dass man bei diesem faszinierenden Schauspiel die Zeit vergisst und hier länger zubringt als gedacht.

Wo?

Látrabjarg, Westfjorde, genügend Fahrzeit einplanen.

Wann?

Vogelbrutsaison von etwa Mitte/Ende April bis Mitte/Ende August (variiert, vorher unbedingt erkundigen): Ab dem späten Nachmittag sieht man mehr Vögel, morgens fliegen alle aus zur Futtersuche.

Wichtiges

Mitbringen: Kamera, eventuell Fernglas, warme Kleidung (der Wind macht es kälter). Informationen zum Wetter und Straßenzustand: vedur.is, road.is
Achtung: Die Klippen sind gefährlich!

Meeresungeheuer – auch vor der Küste treiben besondere Kreaturen ihr Unwesen.

Das Leben auf Island fand bis ins 20. Jahrhundert vor allem *vor* Island statt, wenigstens für den männlichen Teil der Bevölkerung. Während die Frauen für Heim, Herd und Hof verantwortlich waren, verdingten sich die meisten Männer als Fischer. Oder sie waren beides: Fischer im Winter und Bauern im Sommer.

Seemannsgarn oder gruselige Wahrheit?

Schon alleine, wenn man die offenen Ruderboote sieht, mit denen die Männer bei Wind und Wetter rausfuhren, kann einem angst und bange werden. Fast vermessen wäre es, wenn man annehmen würde, die Seeleute könnten nicht mit großartigen und furchteinflößenden Geschichten von dem, was sie auf See erlebt haben, aufwarten. Schenkt man den Erzählungen Glauben, und warum sollten wir nichtsahnenden Landratten daran zweifeln, wimmelte es geradezu von Seeungeheuern vor der isländischen Küste.

Es gibt sie in allen schillernden Auswüchsen und Furchtbarkeiten. Zusammengetragen wurden die Geschichten im Isländischen Meeresungeheuermuseum Skrímslasetur. Dort kann man einigen der Kreaturen – in sicherer Umgebung statt auf tosender See – sogar in Lebensgröße gegenübertreten.

Auf der Suche nach den Monstern

Warum sich das Museum gerade hier befindet, hat einen triftigen Grund: Gibt es in Afrika die „Big Five" (Elefant, Nashorn, Büffel, Löwe, Leopard), die man auf einer Safari gesehen haben sollte, sind es in Island vor allem vier Seeungeheuer, die an verschiedenen Stellen um die Insel gesichtet wurden. Aber nur an einer Stelle, im Fjord Arnarfjörður, an dem Skrímslasétur liegt, tauchten sie alle vier mindestens einmal auf. Lässt man seine Augen über die See gleiten, sollte man also vor allem auf *fjörulalli,* das Uferbürschchen, *hafmaður,* den Seemann, *skeljaskrímsli,* das Muschelmonster und *faxaskrímsli,* das Mähnenmonster, achten. Allen vieren ist gemein, dass sie mit riesigen Zähnen ausgestattet sind und so monströs daherkommen, dass man fast meinen könnte, die Dinosaurier seien noch nicht ausgestorben.

Auch heute noch werden immer mal wieder Meeresungeheuer gesichtet, die dann in den Nachrichten vermeldet und natürlich heiß diskutiert werden.

Wo?

In den Westfjorden, entlang der Straße 63 in den Ort hineinfahren, Strandgata 7, 465 Bíldudalur. www.skrimsli.is

Wann?

Mitte Mai bis Mitte September

Wichtiges

Für alle, die sich gerne gruseln und danach auf der Terrasse des kleinen Cafés bei guter isländischer Luft wieder tief durchatmen wollen und froh sind, dass sie gerade sicher an Land sind.

Für die Freiheit einer Nation – der Architekt Islands.

Tief in den rauen Westfjorden, auf einem Bauernhof am Fuß eines Berges, den man nur im Sommer – und dann auch nur bei trockenem Wetter – erreicht, ahnte am 17. Juni 1811 niemand, dass hier ein Junge geboren wurde, der später zum wichtigsten Vorkämpfer für Islands Freiheit werden würde. Sein Name: Jón Sigurðsson.

Ein Kind Islands

In Island selbst ist er zweifelsohne einer der berühmtesten Menschen aller Zeiten, und wirklich alle Isländer wissen um seine Taten. Sein Konterfei ist auf dem 500-Kronen-Schein, sein Standbild auf dem Parlamentsplatz Reykjavíks, dem Austurvöllur, ist so platziert, dass er den Parlamentariern direkt durch die Fenster bei der Arbeit zuschauen kann, auf sein Ehrengrab werden jedes Jahr an seinem Geburtstag Blumen gelegt. Und nicht zuletzt wurde in Þingvellir nicht zufällig an seinem Geburtstag im Jahr 1944 die Unabhängigkeit Islands von Dänemark ausgerufen und ist dieser Tag seitdem der Nationalfeiertag. Von dem pittoresken Bauernhof Hrafnseyri (mit Kirche, sein Vater war nicht nur Bauer und Fischer, sondern auch Pastor) aus, hätte er das sicher nicht geschafft. Mehr noch: Jón hat fast sein ganzes Erwachsenenleben nicht in Island gewohnt, sondern direkt in der Höhle des Löwen: in Kopenhagen.

Nach seinem Studium der Geschichte und Philologie widmete er sich den alten isländischen Handschriften und mehr und mehr auch dem Verhältnis Islands zu Dänemark mit dem Ziel, Island wieder eine eigenständige Nation werden zu lassen. Dafür bekam er übrigens Hilfe von Konrad Maurer, einem deutschen, in altnordischem Recht spezialisierten Rechtsgelehrten. Letzterer war, ganz nebenbei, die treibende Kraft für die erste Volksmärchensammlung auf der Insel.

Eine Hommage an Jón

Ein Wallfahrtsort ist Hrafnseyri wohl vor allem wegen seiner Abgeschiedenheit nie geworden. Dafür dient Jóns Geburtsstätte heute als Museum und Konferenzzentrum, das die Erinnerung und das Erbe von *Jón forseti,* Jón Präsident, wie der Kosename des Architekten des heutigen Islands schon zu Lebzeiten lautete, hochhält.

Wo?

Hrafnseyri am Arnafjörður

Wann?

Im Sommer, und dann auch nur bei trockenem Wetter und trockenem Boden, am besten mit einem Allradwagen.

Wichtiges

Kein anderer verkörpert besser den unbedingten Willen nach Freiheit in Kombination mit politischer Ausdauer als Jón forseti.

Der Donnernde – Kraft tanken am mächtigen Wasserfall.

Wie bei vielen spektakulären Naturschauspielen Islands, muss man schon einiges auf sich nehmen, um hierher zu gelangen. Tief in den Westfjorden führen Pisten, die einen ordentlich durchschütteln, über Steine, Berg und Tal bis man endlich mit der ganzen Kraft der donnernden Kaskaden gleich mehrerer Wasserfälle hintereinander belohnt wird.

Entschleunigen

Das Wasser des *Dynjandi,* wie sein Name „der Donnernde" schon andeutet, fällt über eine Breite von zunächst dreißig Metern hundert Meter in die Tiefe. Unten angekommen ergießt sich der Wasserfall doppelt so breit, was ihm ein nur noch mächtigeres Aussehen verleiht. Für Isländer, die in die Westfjorde fahren, ist der Umweg über Dynjandi geradezu obligatorisch. Und steht man erst einmal vor der mächtigen Wasserwand, begreift man die entschleunigende Wirkung des fallenden Wassers, nicht nur für Auge und Ohr, sondern für den ganzen Körper. Hier kann man sich Zeit nehmen, sich der Natur öffnen und Kraft tanken – enorm viel Kraft. Und das nicht nur vor dem großen Dynjani, sondern auch zwischen den kleineren Nachbarfällen.

Isländer haben ein recht inniges Verhältnis zu ihrer Insel, zu der Natur, die sie umgibt, die sie wegen ihrer extremen Erscheinungsformen und Kraft oftmals auch beherrscht, in früheren Zeiten in noch viel größerem Umfang als heute. Das führt dazu, dass jedes noch so kleine Phänomen, jede Veränderung in der Landschaft einen eigenen Namen erhält. Oder eben, weil dieser Bereich von einem der verborgenen Wesen bewohnt wird.

Verbindung der Wasserfälle

Und so folgen hier dem großen Dynjandi von oben nach unten noch die kleineren Wasserfälle Hæstahjallafoss, Strompgljúfrafoss, Göngumannafoss, Hrísvaðsfoss, Kvíslarfoss, Hundafoss und Bæjarfoss entlang und zwischen denen man bis direkt vor die sechzig Meter breite Wand gelangen kann, um schließlich die aufspritzende Gischt des Dunjandi unmittelbar auf seinem Gesicht zu spüren und sich mit seiner Kraft zu verbinden.

Durchgeschüttelt von den Pisten, abgetrennt vom Rest der Welt und tief im Einklang mit sich selbst. Dynjandi ist ohne Zweifel für viele Menschen einer der Kraftorte Islands.

Wo?

An der Straße 621, die am Fjord Dynjandisvogur vom Süden her kommend links von der 60 abgeht. Parkplatz und Campingplatz befinden sich direkt am Fuß der Wasserfälle.

Wann?

Im Sommer, bei anhaltend gutem Wetter, da dann die Pisten leichter befahrbar sind.

Wichtiges

Allradantrieb empfehlenswert, ebenso Regenkleidung und Schuhe mit guter Profilsohle (rutschig, glatt).

Aurora borealis: Eine Licht-Sinfonie am Winterhimmel.

Ein breites Band aus grünem Licht tanzt und schwebt am Nachthimmel, es verändert seine Form, wird breiter und wieder schmaler, an den Rändern färbt es sich rosa. Plötzlich, so schnell wie es kam, verschwindet es wieder.

Geschenk des Himmels

Das Nordlicht gehört sicherlich zu den beeindruckendsten Phänomenen, die es in Island zu bewundern gibt. Es steht hoch auf der Wunschliste der Besucher, die in der kalten und dunklen Jahreszeit das Land besuchen. Es braucht etwas Glück, dieses wunderbare Schauspiel zu Gesicht zu bekommen. Von etwa Mitte September bis April sind die Nächte lang und dunkel genug. Auch ein klarer Himmel ist erforderlich und die Chancen stehen gut, wenn die Luft sehr kalt und trocken ist. Doch es kommt zusätzlich darauf an, wie aktiv die Sonne in den Tagen zuvor war. Denn das Leuchten entsteht, wenn geladene Teilchen eines Sonnenwindes auf die Erdatmosphäre treffen. Allerdings sind diese Teilchen ein paar Tage unterwegs, bevor sie durch das Magnetfeld der Erde vor allem zu den magnetischen Polen gelockt werden. Es müssen also einige Faktoren zusammenspielen, um die bunten Bänder zu Gesicht zu bekommen.

Auf Nordlichtjagd

Auch wenn man sich gut vorbereitet und auf den einschlägigen Websites schlau gemacht hat, sollte man sich auf einen längeren Abend gefasst machen und sich gegebenenfalls auch über eine nächtliche Fahrt durch die raue Natur und einen wunderschönen Sternenhimmel freuen können. Ausgestattet mit warmer Kleidung, eventuell einer Thermoskanne mit heißem Tee und einer genügend aufgeladenen Kamera geht es mit einer Nordlichttour oder auf eigene Faust von den Lichtern einer Ortschaft oder eines Hofes in die dunkle Nacht. Auch wenn einem der Wind um die Ohren pfeift, ist es besser auf einem Hügel als in einer Mulde Ausschau zu halten und man sollte nicht vergessen, sich ab und zu mal umzudrehen. Schließlich wäre es schade, wenn sich das nächtliche Himmelsspektakel gerade hinter dem Rücken abspielen würde.

Wo?

Heydalur, 401 Ísafjörður, www.heydalur.is. Die Pension liegt schön weit entfernt von aller Lichtverschmutzung, weshalb man dort das Phänomen quasi vor der Haustür beobachten kann.

Wann?

Mitte September bis April;
Die folgenden Websites können bei der Entscheidung helfen, ob es sich lohnt, nachts loszuziehen: www.gi.alaska.edu/monitors/aurora-forecast; https://en.vedur.is/weather/forecasts/cloudcover

Wichtiges

Die meisten Reiseveranstalter bieten eine weitere Fahrt gratis an, falls es nichts zu sehen gab.

»Ein breites Band aus grünem Licht tanzt und schwebt am Nachthimmel.«

Nach einem langen Winter die ersehnte Sonne im Haus begrüßen.

Zwar sind die Isländer die langen, dunklen Nächte des Winter gewohnt, doch manche Orte trifft es besonders hart. Denn bei einer ungünstigen Lage in einem Fjord kann es vorkommen, dass im tiefsten Winter die Sonne gar nicht mehr über die Bergspitzen hinauskommt.

Lange Winternächte

Dass es an einem Wintertag nur wenige Stunden hell ist, gehört in Island ebenso zum Leben wie die hellen Sommernächte, in denen es nicht dunkel wird. Und mit den Vorbereitungen auf Weihnachten, Straßenbeleuchtung und Kerzen zu Hause kann man die Dunkelheit im Dezember normalerweise gut ertragen oder sogar genießen. Doch danach beginnt das lange Warten, besonders wenn man an einem Ort wohnt, in dem die Sonne durch die Lage zwischen hohen Bergen eine Ortschaft monatelang nicht erreicht. Zwar ist es dann an schönen Tagen auch einige Stunden hell, aber man sieht keine Sonnenstrahlen, höchstens beleuchtete Berggipfel. Das betrifft sowohl Gemeinden in den Westals auch in den Ostfjorden. Dort wird dann mit Sehnsucht der Tag erwartet, an dem die Sonnenstrahlen zum ersten Mal wieder ins Haus scheinen.

Sólarkaffi – Sonnenkaffee

Gefeiert wird dieser Tag mit *sólarkaffi*. Traditionell werden Waffeln oder Pfannkuchen gebacken und diese werden am liebsten mit (Rhabarber-)Marmelade und Sahne oder mit Zucker bestreut genossen. Dabei darf der Kaffee natürlich nicht fehlen. Und man lädt auf jeden Fall Freunde und Verwandte ein, um miteinander zu genießen und zu feiern. Alles fühlt sich wieder leichter und wärmer an, als ob das Leben von Neuem beginnt.

Manche Orte haben einen offiziellen Termin, den sie zum Sonnentag ernennen. In kleineren Kommunen wird teilweise mit dem ganzen Ort gefeiert, es gibt Live-Musik oder eine Ausstellung. Allerdings heißt das ja nicht, dass an diesem Tag auch wirklich die Sonne scheint. Deshalb warten viele Menschen auch ab, bis die Sonnenstrahlen in ihrem Haus angekommen sind und laden dann zu ihrem ganz persönlichen *sólarkaffi* ein.

Wo?

400 Ísafjörður, Nordisland

Wann?

25. Januar

Wichtiges

Nur weil die Sonne wieder über dem Horizont erscheint, heißt das noch lange nicht, dass es warm ist. Also: Dicke Kleidung tragen, wenn es zu einem der Feste rausgehen soll.

Zauberei in Reinform. Riten, Gebräuche, Alltagsmagie im alten Island.

Die alten Sagas und Eddas sind zum Bersten voll von Magischem und Übernatürlichem. In reiner Schriftform, es wird kaum einen wundern, blieb es nicht. Schließlich steht in den mittelalterlichen Handschriften ja auch jede Menge über die Berufsausübung der schwarzen und anverwandter Magie.

Wie in jeder Zunft gibt es Quacksalber und solche, die die Ausübung ihres Berufs durchaus ernst nehmen. Um letztere und ihre Kunst geht es hier, sowohl in der heidnischen Zeit bis zum Jahr 1000 als auch danach, in den christlich geprägten Jahrhunderten.

Unorthodoxe Praktiken

Die Objekte in der Galdrasýningin mögen manchmal etwas fremd oder in erster Instanz gar abstoßend anmuten. Eine gewisse Strahlkraft, die einige Exponate bis heute behalten haben, lässt sich aber nicht verleugnen. Wer möchte schon gerne eine *nábrók* anziehen? Für alle nicht-Isländer: Im 17. Jahrhundert war man der Überzeugung, dass, wer sich in eine solche Hose zwängt, mit Reichtum gesegnet sein wird. Klingt doch ganz gut, sollte man meinen. Bis man in der Galdrasýningin vor einer originalen *nábrók* steht: Die „Hose" besteht aus einem Stück männlicher Menschenhaut, komplett von der Gürtellinie bis zu den Zehen. Nun ja, für den schnellen Reichtum musste man also schon damals auf moralisch zweifelhafte Mittel zurückgreifen.

Übrigens ist nicht überliefert, wie lange man denn eine solche *nábrók* anbehalten musste oder ob mit ihr wirklich Resultate erzielt werden konnten. Das Ausstellungsstück steht zu Testzwecken auf jeden Fall nicht zur Verfügung.

Das Alphabet des Übernatürlichen

Zu all der Zauberei und Hexenkunst gehört natürlich auch die alte Schrift: aus Runen, Bindrunen und magischen Stäben, den *Galdrastafir*. Letztere sollten ihre Träger beschützen oder Wünsche wahr machen. Die Runen waren das erste Alphabet, das nach der Besiedlung Islands geschrieben wurde, und sie werden bis heute zum Beispiel auf Kleidung, Grabsteinen, als Anhänger und vor allem als Tattoos noch immer verwendet.

Wer mehr hierüber wissen möchte, findet in der Galdrasýningin die nötige Expertise.

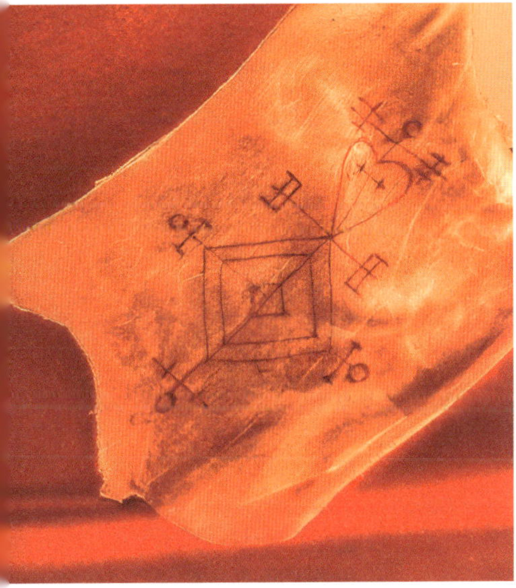

Wo?

Höfðagata 8–120, Hólmavík,
in den Westfjorden.
www.galdrasyning.is

Wann?

Das ganze Jahr über

Wichtiges

Das Kaffi Galdur beim Museum hat eine kleine Karte mit guten Gerichten, auch leckeren Kuchen – bei gutem Wetter auch auf der Terrasse.

Island auf dem Rücken der Pferde erkunden.

Was auf dem Land immer mal wieder zu einem Parkchaos und Gruppen von Menschen an einem Zaun führt, sind Herden buntgefärbter Islandpferde (bitte auf keinen Fall füttern), die bei schlechtem Wetter dicht aneinandergedrängt mit ihren Hinterteilen zum Wind stehen oder bei guten Verhältnissen verspielt an ihren Kameraden knabbern.

Unentbehrliche Helfer

Die Pferde (Pferde! Keine Ponys, da verstehen Isländer keinen Spaß) kamen schon mit den ersten Siedlern nach Island. Seither haben sich die Tiere immer weiter zu robusten, starken und gesunden Helfern entwickelt. Man brauchte sie, um auf unwegsamem Gelände Lasten und Personen über große Entfernungen zu transportieren – und das bei ständig wechselnden und teils schwierigen Witterungsbedingungen. Aber man züchtete sie auch, weil man das Fleisch benötigte.

Richtig Gas geben

Auf dem Rücken der Pferde die ungezähmte Landschaft des Landes vorbeifliegen zu sehen, ist der Traum einheimischer und ausländischer Reiter. Da Islandpferde neben den normalen Gangarten zwei weitere stabile und fließende Gangarten (Tölt und Rennpass) besitzen, bieten sie auch bei hohem Tempo bequemen Reitkomfort. Für geübte Reiter ist ein mehrtägiger Ausritt etwa im Hochland ein faszinierendes und einmaliges Erlebnis. Da alle ein- bis zweimal täglich das Pferd wechseln, reitet die Gruppe mit einer Herde freilaufender Pferde durch die einzigartige isländische Landschaft aus Bergen, Flusstälern und Lavagestein. Schimmel, Falben, Braune, Füchse, Rappen, Erdfarbene und Windfarbene fliegen in einer Staubwolke über das Hochland.

Die gut trainierten Pferde erweisen sich als unkompliziert, kooperativ und kraftvoll. Man lernt schnell, den sicheren Instinkten der Tiere zu vertrauen. Und manch ein isländischer Reiter ist sich sicher, dass sein Pferd ihn schon vor Schlimmerem bewahrt hat, weil es auch im Nebel sicher seinen Weg findet.

Das Reiten in der wilden Natur, in der man mit einer Gruppe eine herausfordernde Strecke meistert, bietet die Chance, eine echte Verbindung mit den Pferden einzugehen. Diese Touren sind kein Luxustrip mit allem möglichen Schnickschnack, sondern ein einmaliges authentisches Erlebnis.

Wo?

Hvammur 2, Vatnsdalur, 541 Blönduós, www.islandshestar.is: Reiterhof mit einfacher Unterkunft, bieten auch mehrtägige Touren an; Islandpferdegestüt Lýtingsstaðir, 561 Varmahlíð, www.lythorse.com: Reiterferien, aber auch Hofbesuch zum Kuscheln mit den Tieren.

Wann?

Hochlandtouren sind in den Sommermonaten möglich. Doch selbst im Winter gibt es spannende Tourmöglichkeiten.

Wichtiges

Zum Schutz der isländischen Pferde ist es verboten, gebrauchte Reitausrüstung (auch Handschuhe) einzuführen. Die Kleidung muss den Vorschriften entsprechend gewaschen und/oder desinfiziert werden (www.mast.is/en/import-export/import-of-riding-equipment).

Leben wie die Hobbits – die Isländer bauten mit Torf und Gras.

Die unter Grassoden versteckten Häuschen haben über Jahrhunderte das Überleben der Isländer gesichert. Hoch im Norden der Insel kann man einen Hof besichtigen, der besonders gut erhalten ist. Hier beginnt eine anschauliche Reise in das tägliche Leben vergangener Zeiten.

Eine tausendjährige Geschichte

Glaumbær war vom frühen 11. Jahrhundert bis 1947 bewohnt und bewirtschaftet. Der Torfhof ist seit Mitte des 19. Jahrhunderts relativ unverändert erhalten geblieben, weshalb noch viele alltägliche Dinge aus vergangenen Zeiten zu bewundern sind. Der Hof besteht aus 13 einzelnen Häusern, die, um die Wärme zu erhalten, durch einen langen Gang miteinander verbunden sind.

Nachhaltig und erneuerbar gebaut

Das Wetter in Island ist unerbittlich. Um den herausfordernden klimatischen Verhältnissen die Stirn zu bieten, mussten die Bewohner eine Bauweise aus leicht verfüg- und ersetzbaren Materialien erfinden, die das Überleben bei Kälte und Regen sicherte. Torfhöfe verdanken ihren Namen den im Fischgrätmuster aus speziell gestochenen Torfziegeln aufgeschichteten Wänden. Diese isolieren gegen die ärgste Kälte, aber Feuchtigkeit dringt trotzdem ein. Das Dach wurde aus Holz gebaut, das erst einmal als Treibholz am Strand gesammelt werden musste, und mit Grassoden abgedeckt. Vollständig wasserdicht ist auch diese Konstruktion indessen nicht.

Einmal eingetreten, fühlt man wie beengt und dunkel es in diesen kleinen, feucht riechenden Räumen, in denen es selbst im Sommer noch kühl bleibt, tatsächlich ist – vor allem, wenn man bedenkt, dass hier Großfamilien mit bis zu 23 Personen gewohnt haben. Beheizt war normalerweise nur die Küche und um es doch einigermaßen warm zu haben, spielte sich das gesamte Leben hauptsächlich in einem Raum, der *baðstofa,* ab. Dort wurde gegessen, geschlafen und wurden alle handwerklichen Arbeiten (Stricken, Schnitzen, Geräte reparieren) erledigt. Die kleinen Fenster ließen wenig Tageslicht hinein und die Räumlichkeiten waren schlecht belüftet. Kaum vorstellbar, dass hier noch bis in die Mitte des vorigen Jahrhunderts Menschen wie die Hobbits gelebt haben.

Wo?

Glaumbær, 561 Varmahlíð, www.glaumbaer.is

Wann?

20. Mai–20. September

Wichtiges

Auch wenn es draußen warm ist, lohnt es sich für das Innere eine Jacke mitzunehmen.

Wer sind die wirklich starken Wikinger? Wie Frauen die Welt verändern.

Studien des Weltwirtschaftsforums zufolge ist Island eines der Länder, die Frauen seit Jahren die besten Lebensbedingungen bieten. Denn was den Zugang zu Bildung und zum Gesundheitswesen, die Chancen an politischen und wirtschaftlichen Prozessen teilzunehmen betrifft, haben die Isländerinnen tatsächlich schon vieles erreicht – in einem langen, aber noch anhaltenden und zähen Kampf.

Starke Vorbilder

In den Sagas findet man eine Reihe sehr starker Frauen, unter anderem Guðríður Þorbjarnardóttir (geb. um 980). Zu ihrer Zeit galt sie als weitgereist, denn sie hatte Norwegen und Grönland betreten und nahm teil an der Expedition, in deren Zuge die Isländer in Vinland (heute Neufundland, Kanada) ankamen, wo auch ihr Sohn Snorri geboren wurde. Die Siedlung in Vinland wurde nach nur drei Jahren aufgegeben, doch Guðriður unternahm von Island aus sogar noch eine Pilgerreise nach Rom, ehe sie nach ihrer Rückkehr als Eremitin bei Glaumbær lebte.

Ein Meilenstein

Eine Nation, in der die Männer lange Zeit auf See verbringen, erfordert starke und selbstbewusste Frauen, die sich selbst zu helfen wissen. Dennoch war es eine Sensation, als 1980 die alleinerziehende Mutter Vigdís Finnbogadóttir die Präsidentschaftswahlen gewann und damit weltweit zum ersten gewählten weiblichen Staatsoberhaupt wurde. Sie blieb 16 Jahre im Amt und hat sich durch ihre Integrität und Stärke Respekt und Wertschätzung erarbeitet. Ihr Vorbild hat Wege geebnet und in Politik und Wirtschaft fordern Frauen heutzutage ganz selbstverständlich ihren Platz ein. Ausdauernd und beharrlich festigen Frauen ihre Stellung in der Gesellschaft: Mit Gesetzgebung, die die Unterschiede zwischen Männern und Frauen aufhebt, mit Mut, indem sie neue Herausforderungen annehmen und mit einer Schulerziehung, die Kinder für diese Fragen sensibilisiert. Alte wie junge Frauen sind sich sicher: Island ist eines der besten Länder der Welt für Frauen.

In Glaumbaer, direkt vor der Kapelle, befindet sich eine Statue der Guðríður Þorbjarnardóttir. Steht man vor dieser und betrachtet sie, sollte man die vielen starken Frauen, die Island geprägt haben, im Hinterkopf behalten. Dass ein so abgeschiedenes und kleines Land fortschrittlicher in Bezug auf die Emanzipation ist, als die meisten anderen, ist schlicht beeindruckend.

Wo & wann?

Die Statue Guðríður Þorbjarnardóttirs steht vor der Kapelle von Glaumbær. www.glaumbaer.is. Das Museum Glaumbær ist vom 20.5. bis zum 20.9. geöffnet.

Wichtiges

Die Statue fertigte Ásmundur Sveinsson 1940 für die Weltausstellung in New York mit dem Titel „Die erste weiße Mutter in Amerika" an. Eine Kopie davon wurde 2022 gestohlen und zu einem neueren Kunstwerk verarbeitet, denn die Künstlerinnen waren der Meinung, diese Sichtweise sei rassistisch und kolonial und in der heutigen Zeit nicht mehr tragbar.

Bischofssitz, Pferde und Tourismus. Ein Dorf als machtpolitisches Zentrum.

Man sollte sich von dem lieblichen Anblick des kleinen Dorfes Hólar nicht täuschen lassen. Dieser Ort atmet geradezu isländische Geschichte – und Gegenwart. Aber der Reihe nach: Jahrhundertelang war dieser Ort ein machtpolitisches Zentrum, schließlich befand sich hier seit dem Jahr 1106 einer der beiden Bischofssitze Islands.

Der letzte Katholik

Den letzten katholischen Bischof Hólars, Jón Arason (1484–1550), mögen die Isländer noch immer, weil er so viel von dem verkörperte, was einen Isländer ausmacht. Er war recht umtriebig, galt als angesehener Dichter und Schriftsteller, sorgte dafür, dass hier die erste Druckerei des Landes entstand (das erste Buch war, na klar, ein Gebetsbuch). Er war trotz Zölibats (ach ja, Rom war weit und der Zölibat galt ihm wohl eher als eine überschätzte Richtschnur) standesamtlich verheiratet und hatte mit seiner Frau eine Tochter und zwei Söhne. Außerdem machte er sich für die Unabhängigkeit Islands vom dänischen König stark. Ein isländisches Rollenmodell, wie es im Buche steht, also. Jedoch brachte er den dänischen König gegen sich auf. Und so wurde er am 7. November 1550, zusammen mit seinen beiden Söhnen, nach bitterem Streit enthauptet.

Kluge Köpfe

Fährt man heute nach Hólar, macht es mit seinen je nach Jahreszeit 100 bis 200 Einwohnern zunächst einen recht verschlafenen Eindruck. Nur das für isländische Verhältnisse gigantische Gebäude auf einem Hügel lässt anderes vermuten. Und tatsächlich: Hier befindet sich, weit entfernt von allem, was auch nur ansatzweise an städtisches Leben erinnern würde, eine Universität für drei Fächer: Aquakultur und Aquatische Biologie, Tourismus und, wie sollte es in Island anders sein, Pferdewissenschaften.

Für Leben in der Brauerei sorgt die von Dozierenden und Studierenden gleichermaßen betriebene Brauerei. Eigentlich wird in der einzigen Kneipe im Ort nur freitags Alkohol ausgeschenkt. Aber wie schon zu Zeiten von Jón Arason sind Regeln eben eher Richtlinien, die man nicht allzu genau nehmen sollte.

Wo?
Im Norden an der Straße 767

Wann?
Das ganze Jahr über

Wichtiges
Die Kirche (die erste aus Stein in Island) zeugt noch vom Reichtum des ehemaligen Bischofssitzes. Daneben steht eine Rekonstruktion einer älteren Holzkirche.

Warum die Isländer auch im Winter ins Freibad gehen.

Die allermeisten Schwimmbäder in Island werden im Winter genauso gut besucht wie im Sommer. Wobei man sich im Klaren darüber sein sollte, dass Schwimmbad in mehr als 95 % der Fälle Freibad bedeutet.

Kalte Luft, wärmendes Wasser

Nimmt man als Vergleich die Wassertemperaturen kontinentaleuropäischer Frei- oder Schwimmbäder, bekommt man schon bei dem bloßen Gedanken Schüttelfrost oder doch wenigstens eine Gänsehaut. Wer sich dennoch traut, wird mit einem großartigen Erlebnis belohnt. Die Wassertemperatur ist hier wesentlich höher als anderswo und man kann selbst bei kräftigen Minustemperaturen – ohne es kalt zu haben – seine Runden drehen.

Freibäder gibt es im ganzen Land zuhauf. Allein die Hauptstadt zählt schon acht Schwimmbäder. Dass es so viele Freibäder in Island gibt, hat mit der geothermalen Wärme zu tun, die unter der vulkanisch aktiven Erdoberfläche schlummert. Deshalb muss das Wasser nicht geheizt, sondern im Gegenteil abgekühlt werden. Wofür wiederum eiskaltes Gletscherwasser dienen kann.

So verfügt auch jedes Freibad über *heitir pottar,* die Hot Pots oder Heißen Töpfe, das wahre Zentrum des gesellschaftlichen Lebens auf der Insel.

Wenn es auch immer wenigstens eine private Umkleidekabine gibt, so zieht man sich in Island eigentlich, nach Geschlechtern getrennt, immer in Gemeinschaftsräumen um. Das ist gemütlich und vor allem sozial. Hier wird geplaudert und gescherzt. Geduscht wird, bevor man ins Wasser steigt, nackt und mit Seife.

Unter sich die Weiten Islands

Das vielleicht schönste Freibad findet sich in Hofsós direkt am Skagafjörður. Gestiftet wurde es von zwei erfolgreichen Unternehmerinnen aus dem Ort. Der Pool mag keine olympischen Ausmaße haben, ist aber mit Blick über den Fjord einfach fantastisch und zudem auch noch als Infinity Pool gestaltet. Man hat das Gefühl, dass man geradewegs auf den Fjord herausschwimmen könnte. Entspannung pur.

Wo?

Hofsós Sundlaug
Suðurbraut 15
565 Hofsós
https://sundlaugar.is/sundlaugasafn/hofsos/

Wann?

Das ganze Jahr über

Wichtiges

Die Freibäder sollte man sich auf seinem Islandtrip nicht entgehen lassen. Die meisten sind von morgens früh bis abends 21 oder 22 Uhr durchgehend geöffnet.

Das Silber der See wurde für ein Jahrhundert zu Islands Gold.

Der erste Eindruck könnte täuschen. Denn nur das Museum Síldarminjasafn Íslands dokumentiert noch, dass Siglufjörður nicht immer so verschlafen war, wie es heute zunächst den Anschein hat. Hier befand sich das Zentrum der Heringsfangflotte Islands. Der Hering brachte Reichtum in die Stadt und für das Land. Zuweilen bestand fast die Hälfte des isländischen Exports aus Hering. Zum ersten Mal wurde in Island industriell gearbeitet. Man kann hier den Hering förmlich noch riechen, die vielen Möwen kreischen hören, die Schiffe mit ihrer wertvollen Fracht im Fjord, den Lärm und das bunte Treiben auf der geschäftigten Kade wahrnehmen.

Das Jahrhundert der Heringe

Wir schreiben das Jahr 1867. Norwegische Fischer beginnen vor der Küste nach Hering zu fischen und gründen eine Fischfangstation. Hering, so stellt sich heraus, gibt es in den Gewässern hier im Überfluss. Arbeit und Geld zieht die Leute an. Auf dem Höhepunkt der Heringsfischerei wohnten hier dreimal so viele Menschen wie heute, die Stadt boomte. Direkt an den Anlegestellen befanden sich enorm lange Reihen mit Trögen, an denen Frauen den gerade gefangenen Fisch ausnahmen, ihn in Salz einlegten und in die bereitstehenden Fässer schichteten. Auch die Kinder halfen mit. Die ganze Stadt atmete den „Geruch des Geldes", der über der Stadt hing.

Das Rad der Zeit

Aber die Arbeit auf See änderte sich, und das hatte Konsequenzen. Standen die Schiffe vorher im Stau vor dem Hafen, um ihre wertvolle Fracht endlich löschen und wieder ausfahren zu können, brach der Heringsfang durch den immer effektiveren Fischfang (größere Netze, Schleppnetze) und die daraus folgende Überfischung in den nächsten hundert Jahren zweimal plötzlich ein. Das zweite Mal, 1968, bedeutete dann das Ende der Heringsfischerei vor Ort. Das heutige Museum erinnert an die früheren Glanzzeiten. Die sehenswerte Anlage verrät viel über vergangene Tage, als das Silber der See für hundert Jahre zu Islands Gold wurde.

Wo?
Siglufjörður liegt an der äußersten Fjordspitze an der 76.

Wann?
Mai bis September

Wichtiges
Die Website des Museums, auch auf Englisch: http://www.sild.is

Nördlich des Polarkreises. Bis die Kugel ins Wasser fällt.

Der nördlichste Punkt Islands ist, genauso wie der südlichste, nicht Teil des Festlands, sondern eine Insel. Der nördlichste Zipfel dieser Insel Namens Grímsey ist der einzige Punkt, der über dem nördlichen Polarkreis liegt. Für das Selbstverständnis der Isländer, aber vor allem politisch ist dieser geografische Aspekt nicht unwichtig. Gilt Island damit doch als Anrainer der Arktis und sitzt damit in allen internationalen Gremien als das nördlichste Gebiet unserer Erde, einschließlich des Nordpols.

Mission Polarkreis

Bei ruhigem Wetter dauert die Überfahrt mit der kleinen Autofähre drei Stunden. Im Sturm um etliche unfreiwillige Magenentleerungen und einiges an Zeit länger. Aber auch bei gutem Wetter kann es einem auf dieser Fahrt ans Ende der Welt mulmig werden, schließlich ist die Insel nur rund fünf Quadratkilometer groß und hier leben gerade mal hundert Menschen. Bei wirklich schlechtem Wetter sind sie ganz auf sich alleine gestellt. Das Leben ist karg, von Saus und Braus keine Spur. Vor allem Fische und Vögel finden sich auf den Tellern.

Jedes Jahr ein Stückchen weiter

Man sollte sich übrigens nicht verwirren lassen: Nicht weit vom Ortsausgang entfernt steht ein Schild mit bescheidener Aussichtsplattform im Nirgendwo, die angibt, dass sich hier der Nördliche Wendekreis befindet. Ein kleiner Scherz, der fußfaulen Touristen vor allem bei schlechtem Wetter wohl Genüge tun soll. Der tatsächliche Wendekreis befindet sich ein ganzes Stück weiter auf einem Grasfeld. Gekennzeichnet wird er durch eine große Steinkugel mit drei Metern Durchmesser, *Hringur og kúla.* Jedes Jahr am Sommersonnenwendefest wird sie etwas weiter geschoben, weil die Erdachse ihren Stand zur Sonne immer wieder verändert und sich damit der Nördliche Wendekreis kontinuierlich verschiebt. Es kann also durchaus sein, dass „Kreis und Kugel" irgendwann von den Klippen ins Meer fallen und sich Island dann nicht mehr, nicht einmal mit einem winzigen Zipfel, nördlich des Polarkreises befindet.

Wo?

Fähre von Dalvík, Flugzeug ab Akureyri

Wann?

Sommer

Wichtiges

Der Name der Insel stammt von einer der bekannteren Sagas, der *Gríms saga*.

Weihnachtsfreude überall – am liebsten das ganze Jahr über.

Lange vor Weihnachten beginnen in Island die Vorbereitungen und die meisten freuen sich sehr auf das Fest. Im Radio spielt ab November Tag und Nacht ununterbrochen Weihnachtsmusik, Straßenbeleuchtung, Lichterketten und Kerzen werden installiert und so bietet man der immer weiter vordringenden Dunkelheit die Stirn.

Alte Traditionen

Bereits Wochen zuvor wird Weihnachtsgebäck und *laufabrauð* hergestellt, das Haus poliert, ein Baum aufgestellt und alle brauchen ein neues Kleidungsstück, denn sonst kommt die gruselige Weihnachtskatze und frisst diejenigen, die dieses nicht haben. Ein Buch ist eines der beliebtesten Geschenke, aber nicht wenige belasten ihre Kreditkarten bis ins Frühjahr hinein mit der Abzahlung von Präsenten. Außerdem gilt es noch Lesungen oder Konzerte zu besuchen und mit Kollegen zum traditionellen *jólahlaðborð* (Weihnachtsbuffet) zu gehen. Kinder sind vor Weihnachten besonders aufgeregt, denn dann kommen nacheinander die 13 Weihnachtsmänner und bringen kleine Geschenke.

Doch am 24. senkt sich Ruhe über das Land. Der Weihnachtsgottesdienst wird im Radio übertragen, einige gehen noch selbst in die Kirche und dann gehört der Abend der Familie. Man isst zusammen, singt Lieder und tauscht Geschenke. Am 25. und 26. würden sich viele am liebsten mit ihrem Weihnachtsbuch verkriechen, aber dann stehen auch die Besuche bei Verwandten an.

Raunächte

Abgeschlossen wird die Weihnachtszeit mit *Þrettándinn,* dem Dreizehnten, denn am 6. Januar, in der 13. Nacht nach Weihnachten, wird diese Zeit noch einmal mit Feuerwerk und großen Feuern abgeschlossen. Dem alten Glauben zufolge ist in dieser Nacht die Trennung zwischen der realen und der magischen Welt besonders dünn, weshalb man sich davor hüten sollte, Elfen zu begegnen. Danach wird die Weihnachtsdekoration wieder eingepackt bis zum nächsten Dezember.

Weihnachten das ganze Jahr erleben kann man im Jólahús in Akureyri, wo man traditionell isländische und internationale Weihnachtsartikel bekommt. Auch lernt man in dem reich dekorierten Gebäude, das wie ein Knusperhaus aussieht, viel über die Weihnachtstraditionen des Landes.

Wo?

Jólahús, Sveinbær, Hrafnagil, 601 Akureyri, Tel. +354 4631433, https://www.visitakureyri.is/en/see-and-do/you-can-do-anything/jolagardurinn

Wann?

Das ganze Jahr über

Wichtiges

Der 25.12. und der 1.1. gehören zu den Tagen, an denen Geschäfte und Einrichtungen, eventuell auch Restaurants oder Veranstalter, die sonst das ganze Jahr geöffnet haben, geschlossen sind.

Hochlandpisten – abenteuerliche Autofahrt durch Niemandsland.

Island ist bekannt als die Insel aus Feuer (Vulkanen) und Eis (Gletscher). Es gibt aber noch eine dritte Komponente, die oft vergessen wird: die Steinwüste des Hochlands.

Querfeldein

Durch diese laufen nur wenige Geröll-, Stein- und Sandpisten, aber die haben es in sich. Die Route durch Sprengisandur (Straße F26) ist dabei die längste und bekannteste der Nord-Süd-Verbindungen. Anstatt der Ringstraße kann man so eine Abkürzung über das Hochland nehmen. Aufgrund des Klimas allerdings nur im Sommer, und nur dann, wenn die Straße freigegeben ist. Von Akureyri fährt man, den Asphalt und die letzten Bauernhöfe schnell im Rückspiegel hinter sich lassend, zunächst auf der 821. Nach dem eher lieblichen Eyyafjalladalur geht es dann hinauf in die Berge und die 821 wird zur F821. Der Unterschied: Das F zeigt an, dass ab hier ein Vierradantrieb nötig ist. Die Piste wird gröber, zwischen dem Sand liegen Steine, auch größere, für die man ein höherliegendes Fahrzeug benötigt. Man sollte die Fahrt möglichst früh am Morgen antreten, da man einige Male Furten durchqueren muss. Morgens sind die Flüsse noch flacher: Die Gletscher schmelzen mit der Sonneneinstrahlung und so führen die Hochlandflüsse mittags und abends mehr Wasser als morgens.

Einziges Zeichen der Zivilisation: Ein Campingplatz mit geothermalem Wasser beim Übergang der F821 auf die F752.

Umgeben von Nichts

Die Hochlandroute ist selbst für Island in seiner Abgeschiedenheit einzigartig. Hier hört man nichts als den Wind pfeifen. Nicht einmal einen Vogel, kein Insekt, das im Sand raschelnd seinen Weg sucht. Man sieht keine Blume, nicht einmal einzelne Grasbüschel, die ihren Kopf aus dem Sand stecken. Es ist das große Nichts. Und genau darin liegt die Faszination. Hier ist man ganz allein. Es gibt wohl kaum einen besseren Ort um ganz zu sich zu kommen, Ruhe und inneren Frieden zu finden.

Wie zur Belohung fährt man noch zwischen den Gletschern Hofsjökull zur Rechten und dem Tungafellsjökull zur Linken das südliche Teilsstück der F26, der Sprengisandurroute. Danach haben einen der Asphalt und die Zivilisation wieder.

Wo?

Zwischen Akuryeri und Reykjavík

Wann?

Im Sommer, wenn es das Wetter zulässt. Ob die Straße freigegeben ist, findet man bei der Isländischen Straßenbehörde: https://umferdin.is/en/road/913050024. Telefonisch erreichbar zwischen 6.30 und 20 Uhr unter 1777.

Wichtiges

Mit vollem Tank losfahren; Allrad-Auto; Furtenüberquerung ist mit Leihwagen oft nicht gestattet. Genügend Wasser, eine Decke und Schaufel, etwas zu essen und am besten auch eine gute Taschenlampe mitnehmen.

Wo die einst gruseligen Trolle hausen. Ein düsteres Naturschauspiel.

An der Ostseite des Sees Mývatn haben Vulkanfeuer und Wasser vor 2300 Jahren eine einzigartige Landschaft aus bizarren und eigentümlichen Lavaformationen erschaffen. Die dunklen Felsen dieses Lavafelds nehmen in der Folklore des Landes einen besonderen Platz ein.

Gewaltige Urkräfte

Als die Lavamassen sich damals ihren Weg durch die Landschaft bahnten, bedeckten sie auch einen an dieser Stelle gelegenen See. Das verdampfende Wasser erzeugte Hohlräume und Schlote in der Lava, die teils zu auffallenden Formen aushärteten, weswegen die Landschaft heute wie eine Sammlung von Burgruinen erscheint. Außer Höhlen, (Spitz-)Bögen, Türmen und Schloten gibt es jedoch auch versteinerte Trolle und Gesichter zu entdecken, wodurch das Lavafeld auch etwas Geheimnisvolles und Mysteriöses vermittelt. Kein Wunder, dass die Menschen in früheren Zeiten dachten, dass hier Trolle ihr Unwesen treiben und man diesen Ort bei Dunkelheit meiden sollte. Als die Christianisierung sich durchgesetzt hatte, entstand der Glaube, Dimmuborgir sei der Ort, an dem Satan auf die Erde geworfen wurde. Diese düstere Stimmung machten sich auch die Filmemacher von Game of Thrones zunutze, die den Stamm der Wildlinge um den Anführer Manke Rayder hier ein Lager aufschlagen ließen.

13 Jólasveinarnir – 13 Weihnachtsmänner

Die Isländer sind sich sicher: Hier in Dimmuborgir sind die 13 Weihnachtsmänner (Söhne des gruseligen Trollweibs Grýla und ihres nichtsnutzigen Mannes Leppalúði) beheimatet. Waren diese Jólasveinar in früheren Zeiten schreckliche Trolle, die in den 13 Nächten vor Weihnachten den isländischen Kindern Angst und Schrecken einflößten und die Vorräte in Haus und Hof plünderten, sind die Weihnachtsmänner heutzutage eigentlich recht harmlose Burschen, die sogar Geschenke für die braven Kinder hinterlassen, auch wenn sie immer noch den Skýr oder die Würstchen klauen.

Bei Sonnenschein erlebt man eine beeindruckende Landschaft, aber wenn man es etwas düsterer mag, kann man abends oder bei nebligem Regenwetter vorbeischauen.

Wo?

An der Straße 884. Diese erreicht man von der Straße 1, dann die 848, wovon die 884 abzweigt.

Wann?

Das ganze Jahr über, tolle Stimmung bei Nebel und Regen

Wichtiges

Hier kommen schon mal ein paar Busse auf der GoT-Islandtour vorbei. Aber Bustouristen haben meist wenig Zeit, weshalb man auf den etwas längeren Rundwegen leichter die Ruhe und die Landschaft genießen kann.

Ruhe finden, in einer heißen Quelle baden, Flora und Fauna beobachten.

Mückensee ist die wörtliche Übersetzung von Mývatn, denn die Insekten kommen dort in riesigen Mengen vor. Aber der viertgrößte See Islands ist auch bekannt für seinen Fischreichtum und die zahlreichen Vogel- und Entenarten.

Naturschönheit

In die Gegend des Mývatn fährt man, wenn man Ruhe sucht, abschalten und die Natur genießen will. Relativ flach, dafür aber recht groß, bietet er mit seinen umliegenden Feuchtgebieten vielen Vogelarten eine ideale Umgebung. Da dem See Kohlendioxid entweicht, zieht er magisch jede Menge Mücken an. Je nach Jahreszeit sieht man sie in großen Schwärmen über dem Wasser schwirren. Die Mücken stechen zwar nicht, schweben aber zeitweise in dicken Wolken über dem Wasser. Was für Menschen eher lästig ist, ist für Vögel und Fische natürlich wunderbar, denn die Nahrung fliegt ihnen sozusagen ins Maul. Lange Jahre gab es im See auch eine große Kolonie von *Marimo* (Algenbällen), die im Isländischen abwertend, aber lieb gemeint *kúluskítur* (Mistkugeln) genannt werden. Auf diese war man sehr stolz, denn nur in Japan gab es ähnlich große Vorkommen. Jedoch schrumpft die Population im Mývatn seit Beginn der 2010er-Jahre rapide und bisher hat man keine schlüssige Erklärung für diese Entwicklung gefunden.

Eine explosive Mischung

Auch der Mývatn hat sich, wie könnte es anders sein, durch Lavaausbrüche gebildet und das hiesige Krafla-Vulkansystem ist noch immer eine hochaktive Zone. Daraus sind jedoch auch besonders reizvolle und außergewöhnliche Naturphänomene in der Region Mývatn entstanden, wie etwa die Skútustaðagígar, wo Lava über einem Moor kraterförmige Strukturen geschaffen hat. Da unter ihnen kein Vulkan liegt, werden sie als Pseudokrater bezeichnet. Dimmuborgir ist einer explosiven Mischung aus Feuer und Wasser zu verdanken und Tiefenentspannung bieten die Mývatn Nature Baths, welche durch ein Schwimmbecken und Dampfbad in einer heißen Quelle Erholung für Körper und Geist darstellen.

Wo?

Umschlossen von den Straßen 1 und 848. Skútustaðagígar, Südspitze des Sees an der Straße 848. Mývatn Nature Baths, https://myvatnnaturebaths.is, an der Straße 8815, die von der 1 abzweigt.

Wann?

Das ganze Jahr über

Wichtiges

Zur Sicherheit Mückenspray einstecken. Für Wanderungen empfiehlt sich ein Hut mit Moskitonetz.

Artenvielfalt Islands: Die Lóa verkündet den Frühlingsanfang.

Die Tierwelt in Island ist recht überschaubar. Die vielen Arten an Stand- und Zugvögeln bilden dagegen eine rühmliche Ausnahme.

Tiere der Götter und der Zeit

Im Sommer sieht man auf den meist kargen Weiden aus moosbedeckten Lavafeldern, auf denen mit Glück auch etwas Gras wächst, vor allem Schafe und Pferde. Nach dem *Réttir* im September bleiben außer ein paar Rentieren im Osten nur noch die Pferde draußen. Und Vögel, die nicht in wärmere Gefilde geflüchtet sind.

Vögel sind tief verankert in der Mythologie. So trägt Óðinn gleich zwei weise Raben auf seinen Schultern, Huginn und Muninn.

Lóa, der Goldregenpfeifer, bestimmt sogar den Kalender. Sobald die erste Lóa gesichtet wurde, ist es Frühjahr. Am nächsten Tag steht dieser Bericht in allen Tageszeitungen auf den Titelseiten. Da könnte der Papst im Handstand über die Chinesische Mauer laufen oder der Weltfriede ausbrechen: Nichts ist in Island an diesem Tag wichtiger, als dass endlich der lange Winter vorbei ist. Der Mai gehört den Lundar, Singular Lundi, den Papageitauchern, die dann zum Brüten an Land kommen. Den Rest des Jahres leben sie draußen auf dem Meer.

Auf der Durchreise

Einheimische und Besucher können sich nicht sattsehen an der Vielfalt an Zugvögeln, die den Sommer über in Island bleiben oder hier einfach nur auf der Durchreise verschnaufen wollen. Alleine die Anzahl der Entenarten ist schier unzählbar (es gibt unter ihnen auch Standvögel). Am bekanntesten sind wohl die Eiderenten aus dem Breiðafjörður – deren Federn schmücken nur die allerteuersten Deckbetten.

Den weitesten Weg legen die Kríur, Singular Kría, zurück. Sie lösen jedes Jahr ein Retourticket nach Neuseeland. Dabei sind die weißen Küstenseeschwalben mit ihrem schwarzen Kopf und dem roten Schnabel nur rund 100 Gramm schwer und äußerst furchtlos. Kommt man ihrem Nest zu nahe, greifen sie den vermeintlichen Eindringling ohne Rücksicht auf Verluste an und picken ihm auf den Kopf.

Einen großartigen Ort zur Vogelbeobachtung findet man in den Kaldabakskot in der Nähe von Húsavík. In dem Seengebiet, auf das man von der Terrasse von einer der zu mietenden Hütten einen guten Blick hat, kann man den ganzen Tag über dem Treiben der Vögel zuschauen und es in aller Ruhe genießen.

Wo?

Die Kaldabakskot befinden sich an der Straße 85, südlich von Húsavík, www.cottages.is. Weite Orte zum Vögel beobachten gibt es z. B. um den Mývatn. Lundi sieht man vor allem in Vík i Mýrdal und dem Látrabjarg, und die Enten im Breiðafjörður.

Wann?

Vogelbeobachter bevorzugen den Mai und frühen Juni, weil dann die meisten Zugvögel in Island zu sehen sind.

Wichtiges

Der Isländische Volgeführer (auf Deutsch unter diesem Titel)) von Jóhann Óli Hilmarsson ist das fundierteste Werk über alle Vögel, die in Island gesichtet werden können und für jeden Vogelliebhaber Pflichtlektüre.

63 KALDABAKSKOT, VOGELBEOBACHTUNG

Die ersten Schritte der Menscheit auf Island und dem Mond.

Garðar Svavarsson war ein schwedischer Wikinger, der um das Jahr 875 unserer Zeitrechnung mit einer Frau von den Hebriden verheiratet war. Als er dort Anspruch auf sein Erbteil erheben wollte, brachte ihn ein Sturm auf der Reise dorthin vom Weg ab und er strandete auf einem Stück Land, das bisher praktisch unbekannt war. Er blieb dort ein Dreivierteljahr. Danach segelte er weiter entlang der Küste und war dadurch der erste Mensch, der Island umrundete und somit bewies, dass es sich um eine Insel handelt.

Aus Zufall mal eben ein Land besiedeln

Die Stelle, an der Garðar ursprünglich siedelte, heißt heute Húsavík. Húsavík war damit die erste Niederlassung von Wikingern in Island, noch bevor mit Ingólfur Arnarson um 871 die zielgerichtete Besiedlung der Insel tatsächlich begann. Ein paar irische Mönche, die sich zu diesem Zeitpunkt noch auf der Insel befanden, gelten offiziell nicht als Siedler, da sie keine Nachkommen zeugten und schnell von der Insel verschwunden waren – unter ungeklärten Umständen. Der Schritt Garðars blieb also auch für Island ein kleiner, da es sich eher um Zufall handelte und er sich nicht weiter um die Besiedlung der Insel kümmerte. Húsavík gibt es bis heute. Es ist ein gemütlicher, aber durchaus auch geschäftiger Ort im Norden der Insel. Der Fjord vor den Toren des Städtchens wird regelmäßig von Walen besucht. Eine Whale Watching Tour lohnt sich also fast immer.

Die Mondbegehung

Ein großer Schritt für die Menschheit aber sollte ein Jahrtausend später an derselben Stelle geprobt werden. Die NASA kam in den 1960er-Jahren zum Apollo-Astronauten-Training nach Island und übte in der Gegend rund um Húsavík die Mondbegehung, da man annahm, dass das Lavagestein den Gesteinsformationen auf dem Mond recht ähnlich sein könnte. Ob Neil Armstrong wohl an die isländische Lava dachte, als er später seine ersten Schritte auf dem Mond unternahm?

Húsavík war also nicht nur Ursprungsort der Besiedlung Islands, sondern auch wichtig für die ersten Schritte der Menschheit außerhalb der Erde.

Wo und wann?

Húsavík liegt im Norden Islands, an der Straße 85; Das ganze Jahr über. Das Exploration Museum erzählt von den Besuchen der NASA in Húsavík sowie von abenteuerlichen Erkundungsexpeditionen auf der Erde: www.explorationmuseum.com.

Wichtiges

Entspannung pur: Das GeoSea Spa hat eine herrliche Aussicht über den Fjord, www.geosea.is. Möchte man auf eine Walbeobachtungstour gehen, stehen die Chancen hier normalerweise besser als anderswo in Island. Walmuseum: https://www.hvalasafn.is

Eine mythenumrankte Schlucht, leuchtende Farben und etwas Magie.

Der Göttervater Óðinn selbst soll zur Entstehung der Schlucht beigetragen haben. Denn auf einem wilden Ritt durch das Himmelsgewölbe auf seinem achtbeinigen Pferd Sleipnir hinterließ dieses mit einem Bein einen Hufabdruck auf der Erde, wodurch die hufeisenförmige Schlucht entstand.

Eine geologische Besonderheit

Die gängigste Theorie geht allerdings davon aus, dass die Schlucht von gewaltigen Wasserläufen nach Eruptionen im Vulkangletscher Vatnajökull ausgeschliffen wurde, als diese sich ihren Weg nach Norden bahnten. So entstand die 3,5 Kilometer lange und 1,1 Kilometer breite Hufeisenform, deren Klippen bis zu 100 Meter hoch aufragen. In der Mitte ist beeindruckenderweise Eyjan, eine Steinformation, stehengeblieben. Wandert man dort hinauf, entfaltet sich der Blick über das Tal und die Klippen.

Fruchtbares Land

Jahrhundertelang wurde Ásbyrgi florierend bewirtschaftet, bis der Fluss Jökulsá á Fjöllum das gesamte Gebiet im 17. und 18. Jahrhundert überflutete und Weideland und Landwirtschaft zerstörte. Kaum vorzustellen, wenn man heute das bescheidene Rinnsal sieht, das an der Felswand nach unten fließt.

Isländer schätzen an diesem Ort, dass dort neben den ursprünglichen Birkenhainen zahlreiche Bäume angepflanzt wurden, unter denen man zum Botnstjörn-See spazieren kann, ein grünes Juwel im Innersten der Schlucht. Hier haben zudem zahlreiche Sträucher, Vogel- und Entenarten eine geschützte Heimat gefunden. Sogar der Polarfuchs soll sich hier wohlfühlen. Im Frühjahr besticht die Landschaft mit langersehntem, zartem Grün, das im Sommer einen kräftigeren Farbton entwickelt. An schönen Herbsttagen leuchten die Blätter der Bäume und Sträucher in reichen Rot- und Goldtönen. Und die Birken weisen noch eine Besonderheit auf, denn ihre Rinde ist silbrig grau statt weiß. Ist dies ein Beweis dafür, dass sich hier die Hauptstadt des *huldufólk,* des verborgenen Elfenvolkes, befinden soll, wie dies in Volkserzählungen beschrieben wird? Aber welchen Unterschied macht es für den Besucher schon, ob nun Elfen oder die Natur den Ort bezaubern?

Wo?

Ásbyrgi, Nordisland, Ásbyrgi gehört zum Nationalpark Vatnajökull, https://www.vatnajokulsthjodgardur.is/en/areas/jokulsargljufur/asbyrgi; Zugang über Straße 85

Wann?

Der Park ist das ganze Jahr frei zugänglich, Hauptreisezeit: Juni – August. Besucherzentrum Gljúfrastófa: https://www.vatnajokulsthjodgardur.is/svaedi/jokulsargljufur/gljufrastofa

Wichtiges

Ásbyrgi ist eine Station auf dem Diamond Circle, einer Route besonderer Sehenswürdigkeiten im Norden: https://www.northiceland.is/diamondcircle

Schafabtrieb – eine lebendig gehaltene Tradition.

Auf einer Reise durch Island begegnet man an vielen Orten weißen und braunen wolligen Tupfern in der Natur. Es sind Schafe, die genüsslich kauend auf steilen Hügeln oder am Straßenrand umherstreifen, denn sie verbringen den ganzen Sommer im Freien.

Im Frühling nach draußen

Wenn die Lämmer geboren werden, dann packen alle mit an, um den Schafen bei der Geburt beizustehen. Damit die Lämmer eine hohe Überlebenschance haben, werden sie einige Wochen im Stall aufgepäppelt, bevor sie dann, wenn das grüne Gras endlich sprießt, auf eine Weide gebracht werden, wo sie den ganzen Sommer verbringen. Dort futtern sie sich rund an Gras und Kräutern.

September ist Réttir-Zeit

Wenn im September frostige Temperaturen den Herbst ankündigen, ist es Zeit für die *réttir,* den Viehabtrieb, damit die Tiere nicht irgendwo eingeschneit werden. Dann arbeiten Familie, Nachbarn und Freunde zusammen, um alle Tiere wieder gesund auf den Hof zu bringen. Was heutzutage eher eine gesellige Angelegenheit ist, schließlich kann man mit modernen (Nutz-)Fahrzeugen einen Schafabtrieb leichter schaffen als zu Fuß oder mit Pferden, war in alten Zeiten eine notwendige Zusammenarbeit, die das Überleben sicherte.

Die Schafe aller Bauern werden gemeinsam in einem zentralen Pferch *(rétt)* zusammengetrieben, an den Pferche verschiedener Eigentümer angebaut sind. Dann werden die versammelten Tiere ihren Besitzern zugeteilt. Das Ganze scheint recht chaotisch: Die Schafe sind etwas durcheinander und blöken, jung und alt, groß und klein laufen hier zwischen den Tieren hindurch, um ihre Schafe zu suchen.

Zum Abschluss gibt es *kleinur,* Kuchen und Kaffee, auch manch ein Schnäpschen wird hinuntergekippt und alle feiern, müde aber glücklich. Bei vielen Isländern lebt noch immer ein Bewusstsein, dass es nicht selbstverständlich ist, unter den schwierigen klimatischen Verhältnissen auf der Insel zu überleben. Deshalb sind ihnen Traditionen so wichtig, die über Jahrhunderte das Überleben sicherten.

Wo?

Bjarnastaðir, 671 Kópasker, www.islandshestar.is; von hier aus können erfahrene Reiter am Viehabtrieb teilnehmen. Die Tiere werden im *Katastaða fjárrétt* gesammelt. In der Nähe des Katastaðir Hofes abzweigend von der Straße 85.

Wann?

September

Wichtiges

Auch wenn es gesellig zugeht, es ist noch immer ein harter Arbeitstag, bitte die Anweisungen der Bauern respektieren.

Alltagsleben über die Jahrhunderte. Eine Zeitreise auf dem Bauernhof.

Bis Mitte des 20. Jahrhunderts lebten die meisten Isländer noch in Torfhäusern und Bauernhöfen aus Torf. Genauer gesagt: Mit den militärischen Stützpunkten zunächst der Briten und dann der US-Amerikaner während des Zweiten Weltkriegs kam zum ersten Mal mehr Geld ins Land als zum puren Überleben nötig war. Holz- oder gar Steinhäuser waren teuer, und so wohnten bis dahin viele noch wie ihre Vorfahren aus Wikingerzeiten in ihren althergebrachten Torfhäusern.

In Bustarfell steht der noch am besten erhaltene Torfbauernhof Islands. Er wurde 1532 von Árni Brandsson und seiner Frau Úlfheiður gekauft und befindet sich seitdem ununterbrochen in Familienbesitz. Auch heute noch, da der Hof ein Museum ist, wohnen die Nachfahren nur ein paar Türen weiter.

Einblick in vergangene Zeit

Spätestens, wenn man mit eingezogenem Kopf über die Türschwelle geht, befindet man sich auf einer Zeitreise. Die Häuser sind im Inneren alle miteinander verbunden, die gute Stube mit der Küche, die Küche mit den Vorratsräumen, die Vorratsräume mit der Werkstatt, die Werkstatt mit den Ställen und über allem die Schlafzimmer.

Nur die gute Stube ist rundherum mit Holz vertäfelt und auch der Fußboden ist mit Holz ausgelegt. Bereits in der Küche steht man auf dem festgetretenen Erdboden und das bleibt im übrigen Erdgeschoss auch so. In dem langgezogenen Gebäude befinden sich sogar drei Küchen, alle in anderen Jahrhunderten angelegt. Von der einfachen Feuerstelle bis zu einem Holzofen aus dem 19. Jahrhundert. Strom und fließendes Wasser sucht man hier vergebens.

Das beschwerliche Leben

Der älteste noch stehende Teil von Bustarfell stammt aus dem Jahr 1769. Ein Brand zerstörte die älteren Gebäude. Die letzten Bewohner zogen hier erst 1966 aus und die Ställe wurden sogar noch bis 1988 verwendet.

Bustarfell ist ein Zeugnis vom kargen Leben und Arbeiten einer Bauernfamilie und ihrer Tiere, seit dem tiefen Mittelalter bis in die jüngste Vergangenheit. Die Zeitzeugen leben noch.

Wo?

Das Minjasafnið á Bustarfelli befindet sich in Hofsárdal, 690 Vopnafjörður an einer ausgeschilderten Abbiegung von der Straße 85.

Wann?

Juni bis Mitte September

Wichtiges

Nur ein paar Kilometer weiter befindet sich an der Straße 85 das kleine Schwimmbad Selárdalslaug, das 1949 von Freiwilligen an einer geothermalen Quelle direkt an einem Lachsfluss erbaut wurde.

Mythos oder wahre Begebenheit? Der Lagarfljót und sein Monster.

Lagarfljót ist einer der größten Seen Islands und mit stolzen 112 Metern ist der langgezogene See im Osten der Insel an manchen Stellen auch recht tief. Besonders macht ihn aber vor allem ein Bewohner, der bereits im Jahr 1345 zum ersten Mal gesichtet wurde: Das Monster von Lagarfljót, der Lagarfljót Wyrm.

Glaubenssache

Wer jetzt meint, derartige Geschichten gehörten ins Reich der Märchen, verkennt den Glauben der Isländer: Hier werden solche Begegnungen nicht einfach abgetan. Wissenschaftler sammeln diese Geschichten und werten sie aus. Bemerkenswert im Fall des Lagarfljót Wyrm ist zum Beispiel, dass diejenigen, denen sich das Monster zeigte, mit großem Unglück oder wenigstens Rückschlägen in ihrem Leben rechnen mussten.

Zum bisher letzten Mal wurde der Lagarfljót Wyrm noch in diesem Jahrtausend, und zwar 2012, von einem Bauern aus der Umgebung gesehen. Es muss, schon der schieren Größe des Monsters wegen, ein furchterregender Anblick gewesen sein. Das Monster zeigte in diesem Moment vor allem seinen langen Hals und Rücken.

Umstritten

Gut möglich, dass das eines der letzten Male war, dass der Lagarfljót Wyrm jemals gesichtet wurde. Denn das 2007 gebaute Kraftwerk Kárahnjúkar, ein immenser und wegen seiner Auswirkungen auf die Umwelt politisch höchst umstrittener Staudamm (er ist einer der größten Europas), verändert die Beschaffenheit des Lagarfljót nachhaltig. Für jeden leicht sichtbar ist die Eintrübung des Wassers. Vor dem Bau des Staudamms konnte man im Wasser noch tief hinunterschauen. Vielleicht tut dieser Eingriff in das Ökosystem des Sees auch dem Lagarflót Wyrm nicht gut und das Monster hält sich darum weiterhin zurück, abermals an die Oberfläche zu kommen.

Immerhin: Dass es dem Bauern, der es zuletzt gesehen hat, danach schlecht erging, ist nicht überliefert.

Wo?

Im Hinterland der Ostfjorde über die Ringstraße 1 führt die Straße 931 am See entlang und um ihn herum. Im Nordosten ist es bis zur Kreuzung mit der 931 die 95.

Wann?

Das ganze Jahr über. Von Mai bis Oktober hat der preisgekrönte Ökohof Móðir Jörð in Vallanes mit Café, Laden und Unterkünften geöffnet, www.modirjord.is

Wichtiges

Am nördlichen Zipfel des Sees befinden sich an der Straße 1 in Egilsstaðir Einkaufs- und Übernachtungsmöglichkeiten sowie ein Flughafen. Tipp: selbstgebrautes Bier und wirklich gute Pizza bei Askur, askurpizza.is

Pittoreske Perle im Osten. Ein Künstlerdorf zeigt seine bunte Seite.

Seyðisfjörður lebt im Wechsel der Gezeiten, wenn die Fähre Massen von Touristen an Land spült, die dann alle wieder mehr oder weniger schnell verschwinden, wodurch erneut Ruhe in das Künstlerdorf mit seinen hübsch restaurierten Holzhäusern einzieht.

Wechselvolle Geschichte

Obwohl die Besiedlung der Gegend bis zu den Anfängen Islands zurückverfolgt werden kann, wurde die Stadt erst Ende des 19. Jahrhunderts gegründet, als von Norwegern Fischfabriken für den kommerziellen Heringsfang errichtet wurden. Die Stadt boomte und viele der markanten Holzhäuser stammen aus dieser Periode. Mit dem Niedergang der Heringsfischerei erlebte auch Seyðisfjörður eine wirtschaftliche Depression, doch inzwischen hat sich der Ort als Künstlerdorf neu erfunden, und so sind neben der Fischerei der Tourismus und Kunsthandwerk ein wichtiges Standbein geworden.

Kunst und Natur in der Hauptrolle

Bereits die Anreise ist spektakulär, egal ob man mit dem Auto von Egilsstaðir auf den Serpentinen an den Wasserfällen des Flusses Fjarðará vorbei in das Tal des Fjords fährt oder mit der Fähre zwischen hohen Bergen in den Ort gleitet, man wird belohnt mit außergewöhnlichen und eindrucksvollen Ausblicken auf die Natur.

Im Ort sind die alten Holzhäuser restauriert und in fröhlichen Farben gestrichen. Die Kirche Seyðisfjarðarkirkja hat Kultstatus, spätestens seit die Regenbogenstraße (eigentlich angelegt zur Gay Pride 2016) auf sie zuführt. Die Kunst durchdringt den Ort: Der Schweizer Künstler und zweimalige Documenta-Teilnehmer Dieter Roth hat hier lange gelebt, einige Kunstwerke von ihm befinden sich im Museum. Künstler können sich für ein Stipendium bewerben und jährlich findet das LungA Art Festival statt. Die Auseinandersetzung mit der Natur ist in Island ein immer wiederkehrendes Thema in der Kunst, etwa in der Klanginstallation Tvísöngur etwas außerhalb des Ortes, in der man mit eigenen Tönen die Stille der Natur untermalen kann.

Wo?

Die Straße 93 hat, von Eglisstaðir kommend, Seyðisfjörður als einziges Ziel; https://visitseydis fjordur.com

Wann?

Mitte Juli: LungA Art Festival: https://www.lunga.is; Juli–Anfang August: Konzerte in der Blauen Kirche: https://visitsey disfjordur.com/activity/the-blue-church-concert-series

Wichtiges

Seyðisfjörður ist von hohen Bergen umgeben, weshalb im Winter die Sonne das Tal nicht erreicht. Die Rückkehr der Sonne wird zwei Tage lang mit einem Lichtfestival (www.listiljosi.com) gefeiert.

»Mit dem Niedergang der Heringsfischerei erlebte auch Seyðisfjörður eine wirtschaftliche Depression, doch inzwischen hat sich der Ort als Künstlerdorf neu erfunden.«

Trapped – Gefangen auf Island oder wo sind wir hier denn eigentlich?

Eine Autofähre taucht aus dem grauen Nebel auf, unterlegt von finsterer Musik holen Fischer mit ihrem Netz eine verstümmelte Leiche aus dem Fjord. Ein aufziehender Schneesturm schneidet den Ort von der Außenwelt ab. Mitten unter den Einwohnern sitzt der Mörder hier fest. Das sind die Zutaten einer Nordic Noir Krimireihe mit einer internationalen Fangemeinde.

Die eigentlichen Hauptfiguren

Baltasar Kormákur (Schauspieler, Regisseur und Produzent) wollte in dieser Serie einerseits die Schönheit Islands, andererseits aber auch die kraftvolle und tödliche Seite des Landes zeigen. Daher sind neben den Darstellern auch die unheilvolle Musik sowie die raue Landschaft und das bedrohliche Wetter gleichwertige Protagonisten der Handlung.

Verwirrend

Die in der Serie gezeigte Landschaft ist atemberaubend, etwa wenn die Fähre zwischen den hohen Bergen in Seyðisfjörður einfährt oder drohendes Unwetter über den Bergen den Ort richtiggehend einschließt. Einige Häuser im Handlungsort sind alte, markante Gebäude. Verwirrend ist am Zusammenschnitt nur, dass die Autofähre in Seyðisfjörður im Osten Islands anlegt, aber die hübschen Holzhäuser in der Stadt Siglufjörður im Norden gezeigt werden. Immerhin etwa 360 Kilometer entfernt, Fahrzeit fast fünf Stunden. Siglufjörður versprach wohl eine vielseitigere Filmkulisse und bot als nördlichste Stadt der Insel genügend Schnee für die Filmarbeiten. Dass man hier *Trapped* (also gefangen) sein kann, hat auch die Filmcrew erfahren müssen, denn sie war während der Dreharbeiten tatsächlich verschiedene Male eingeschneit, weil die einzige im Winter befahrbare Straße, die den Ort mit dem Rest der Insel verbindet, nicht zu passieren war.

Auch wenn die Handlung und die Atmosphäre der Krimi-Reihe eher düster ist, wird man bei einer Reise erfahren, dass beide Orte Charme und Charakter haben. Nicht ohne Grund machen viele Isländer immer mal wieder Urlaub in Siglufjörður.

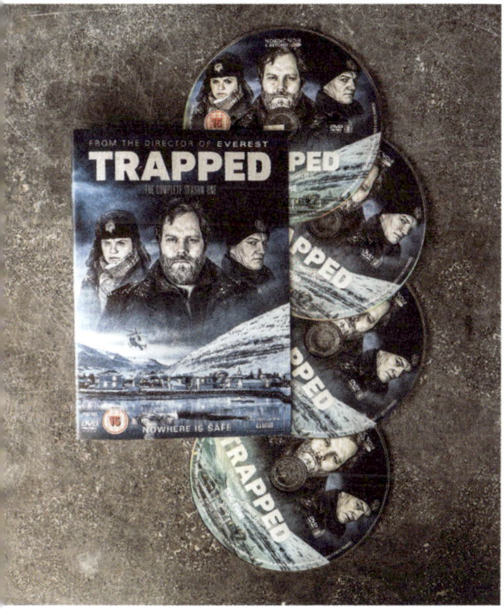

Wo?

Siglufjörður: https://www.northiceland.is/en/destinations/towns/siglufjordur
Seyðisfjörður: https://visitseydisfjordur.com

Wann?

Siglufjörður Anfang Juli: Folk Music Festval;
Seyðisfjörður siehe Soul Place 69

Wichtiges

Für beide Orte (besonders im Winter) Straßenverhältnisse prüfen: road.is, safetravel.is

Tauschhandel statt Geldverkehr. Ein altes System, das funktionierte.

Einen „Kaufverein“ gab es an fast allen wichtigen Orten auf der Insel. Jeder *Kaupfélagið* organisierte in seinem Gebiet einen geldlosen, genossenschaftlichen Zahlungsverkehr. Man brauchte kein Geld, um an Dinge des alltäglichen Lebens zu kommen, sondern betrieb einfach Tauschhandel, mit dem, was man selbst anzubieten hatte. Für ein paar gestrickte Socken bekam man vielleicht eine Münze für anderthalb Laibe Brot. Mit der Münze, praktisch ein Gutschein, ging man dann zum Bäcker und bekam dafür das Brot. Der Bäcker brachte die Münzen dann wieder zum *Kaupfélagið* und konnte sich damit etwas anderes kaufen, das diesem Wert entsprach.

Gegen den Materialismus

Gegründet wurden die Genossenschaftsläden 1882, um die vermeintlich geldgierigen dänischen Zwischenhändler auszuschalten und den Bauern mehr Mitsprache beim Verkauf ihrer Produkte zu verschaffen. Doch wie es leider oft so ist, wollten einige reicher werden als die anderen, und so wurden die Genossenschaften von diesen wenigen willentlich in den Ruin getrieben. Sie argumentierten, dass dies aus internationalen Wettbewerbsgründen geschah.

Wertschätzung einer vergangenen Ära

In Neskaupstaður befindet sich heute ein Hotel in dem Gebäude des früheren *Kaupfélagið*. Neskaupstaður liegt am Ende eines Fjords in den Ostfjorden. Hier scheinen die Uhren noch langsamer zu ticken als im Rest der Insel, aber der Schein trügt. Immerhin gibt es hier sogar ein Museum, besser gesagt drei in einem Gebäude: ein Naturkundemuseum, ein Maritimmuseum und eines, das dem hiesigen Maler Tryggvi Óláfsson, einem Pionier der isländischen Pop-Art, gewidmet ist.

Im Hildibrand Hotel in Neskaupstaður lebt die Tradition der Kaufvereine wenigstens noch an den Exponaten an der Wand und im Raum weiter – und in den Geschichten der Betreiber, die vom letzten Vorsitzenden des dortigen *Kaupfélagið* abstammen. Angesichts der stolzen Lebensmittelpreise in den einheimischen Supermärkten halten heute viele das genossenschaftliche und sozial gerechtere System von damals für keine so schlechte Idee.

Wo?

Am Ende der Welt, oder doch wenigstens der Straße 92 in den Ostfjorden

Wann?

Im Sommer. Im Winter kann es vorkommen, dass der Ort nur mit schweren Allradfahrzeugen zu erreichen oder ganz eingeschneit ist.

Wichtiges

Museum Safnahúsið í Neskaupstað, geöffnet Juni–August, https://www.visitfjardabyggd.is/menning-og-afthreying/sofn/safn/Safnahusid_i_Neskaupstad. Mehr Infos zum *Kaupfélagið* gibt es im Hildibrand Hotel.

Das Schicksal des Erlendur: Selbst den Berg besteigen oder lieber von weitem betrachten.

Während eines furchtbaren Schneesturms kommt auf dem Berg Harðskafi im Eskifjörður der Bruder von Erlendur Sveinsson ums Leben. Erlendur fühlt sich für seinen Tod verantwortlich. Er war dort mit seinem Bruder, hielt seine Hand, bis er sie plötzlich nicht mehr fühlte. Und da er nicht einmal mehr die eigene Hand vor Augen sah, fand er ihn nicht wieder. Sein Bruder blieb für immer auf dem Berg. Die Familie zerbricht daran und zieht nur wenig später nach Reykjavík. Erlendur wird Kommissar, aber diesen Makel wird er ein Leben lang mit sich tragen. Und so zieht es ihn immer wieder zurück in seine alte Heimat.

Ein ganzes Land hält den Atem an

Erlendur kennen in Island alle. Er ist der Protagonist der elfteiligen Kriminalromanserie des Schriftstellers Arnaldur Indriðason. Die Auflagen seiner Bücher in Island entsprechen der Anzahl von rund 9 % der Bevölkerung. Das würde auf den deutschsprachigen Raum hochgerechnet eine schwindelerregende und absolute Rekordauflage von 9,2 Millionen verkaufter Bücher bedeuten. Man kann also mit Fug und Recht behaupten, dass es sich bei Arnaldurs Romanen um kulturelles Erbgut der Neuzeit handelt.

In Nebel und Schnee

Eskifjörður ist so weit weg von Reykjavík, wie sonst praktisch kein anderer Ort in Island, also wirklich am sprichwörtlichen Rand der Welt. Natürlich gibt es hier ein Schwimmbad und auch eine kleine Fischfabrik, sogar Restaurants. Aber aus der Bank wurde ein Hotel und auch ansonsten scheinen die etwas über eintausend Einwohner vor allem von den wenigen Touristen zu leben, die es hierher verschlägt. Und das lohnt sich: Eine faszinierende Schönheit und gewisse Ruhe strahlt der Fjord am Rand der Welt aus. Außer man steht vor dem Harðskafi. Er mag zwar nur 621 hoch sein, ist aber unheimlich steil. Bei schlechtem Wetter kann es sich um den Berg innerhalb von Minuten vollkommen zuziehen. Und dann möchte man lieber nicht dort sein.

Und Erlendur? Der geht bei so einem Wetter auf den Berg und legt sich in Sturm und Nebel völlig erschöpft in den Schnee ...

Wo?

Eskifjörður liegt an der gegenüberliegenden Seite der Straße 92. Die Straße 950 führt von dort über eine Brücke in den Ort.

Wann?

Im Sommer. Im Winter kann es vorkommen, dass der Ort nur mit schweren Allradfahrzeugen zu erreichen oder ganz eingeschneit ist.

Wichtiges

Immer im Ort fragen, wie und ob der Harðskafi im Moment zu begehen ist (im Hotel oder im Freibad) – und vor allem Bescheid geben, dass man loswandert und wann man zurück sein wird, so dass im Notfall ein Suchtrupp losgeschickt werden kann.

Riesige Eisblöcke und eisige Diamanten auf schwarzem Sand.

Breiðamerkurjökull, ein Ausläufer des Vatnajökullgletschers, speist mit seinem Gletscherwasser eine Lagune. Doch ist es weniger der Gletscher selbst, der Besucher anzieht, sondern sein Kalben: Die großen und kleinen Eisblöcke, die von ihm abbrechen, verwandeln diesen Ort in ein Naturschauspiel, das sich auch bei schlechtem Wetter lohnt.

Eisige Farben

Majestätisch und gemächlich schweben die Eisberge und Eisschollen unter der Brücke der Ringstraße hindurch und treiben schließlich ins offene Meer. Manchmal sind es nur wenige, zu anderen Zeiten jedoch scheint der gesamte See mit Eis gefüllt zu sein. Weiß, in eisigen Blautönen bis hin ins Violette übergehende Schattierungen bieten sich dem Betrachter. Spannend wird es, wenn sich ein Eisberg plötzlich im Wasser dreht und andere Farben hervortreten, und es einem schlagartig bewusst wird, dass der größte Teil der Eisberge unter Wasser liegt. Hierherzukommen lohnt sich auch bei schlechtem Wetter, denn im gleißenden Sonnenlicht leuchten die Eisblöcke vor allem Weiß. Die blauen Farbtöne treten hingegen bei bewölktem Himmel klarer hervor. Auch bei Sonnenauf- oder -untergang kann man immer ein gelungenes Foto schießen. Den vielen weiteren Besuchern kann man entgehen, indem man sich ein paar hundert Meter vom Parkplatz entfernt, und dann die Naturelemente Wasser und Eis in aller Stille erlebt. Das meditative Schauspiel wird höchstens durch abbrechendes Eis oder ein paar spielende Robben und Seevögel unterbrochen.

Eisdiamanten

Der Durchfluss unter der Brücke ist recht eng, weshalb sich die Eisklötze hier teilweise aufstauen bis sie in Wochen oder Monaten auf eine Größe heruntergeschmolzen sind, die sie die Enge passieren lässt. Sie treiben hinaus aufs Meer und werden dann von den Wellen zum Teil wieder an den schwarzen Lavastrand gespült, wo sie, vom Meerwasser blankpoliert, wie Diamanten auf einem schwarzen Samtkissen verstreut liegen.

Wo?

Jökulsárlón, direkt an der Ringstraße Nr. 1.

Wann?

Ganzjährig, vor allem bei schlechtem Wetter spektakulär. Via Webcam kann man sich vorher informieren, ob es genug treibendes Eis gibt, so dass sich eine Fahrt lohnt: https://www.livefromiceland.is/webcams/jokulsarlon

Wichtiges

Eine weitere Lagune, Fjallsárlón, von der aus der Gletscher noch näher zu sehen ist, liegt knappe 15 Kilometer westlich von Jökulsárlón.

»Weiß, in eisigen Blautönen bis hin ins Violette übergehende Schattierungen bieten sich dem Betrachter. «

Eine Welt aus Eis, unerwartete Gefahren in der einsamen Kälte.

Als wir vor ihm standen, erfasste uns unweigerlich Demut: Klein und nichtig fühlten wir uns gegenüber dieser Naturpracht. Acht Prozent der isländischen Landmasse umfasst dieser immense Gletscher, der größte Europas. Keine Zeit für Demut dagegen hatte James Bond, als er sich 1985 in *A View to a Kill* (Im Angesicht des Todes) bemüßigt fühlte, hier mal wieder die Welt zu retten.

Man fühlt sich ganz klein

Im echten Leben steigt die Demut sogar noch, läuft man auch nur ein paar Meter auf dem Gletscher (nie ohne Gletscherführer und entsprechende Ausrüstung!). Schnell merkt man dann, dass ein Gletscher eine eigene Klimazone darstellt, die Luft sich anders anfühlt, die trockene Kälte unmittelbar spürbar ist und langsam in die Knochen kriecht. Ein Gletscher ist der vielleicht ideale Ort, um loszulassen, sich dem Moment hinzugeben. Wie könnte man auch anders: Außer rauem Wind herrscht absolute Stille, hier gibt es keine Tiere mehr, die Farbpalette zeigt sich äußert reduziert, soweit das Auge reicht. Unter den Füßen zwischen 400 bis 800 Meter, an manchen Stellen sogar 950 Meter nichts als Eis.

Tücken der Natur

Auch wenn ein Gletscher massiv und starr erscheint, so herrscht hier immer Bewegung. Genau das macht einen Gletscher so tückisch. Ein falscher Schritt, und man wird von einem untereisigen Fluss mitgerissen oder fällt in eine Gletscherspalte, die zuvor nicht zu sehen war. Auf dem Gebiet des Vatnajökulls befinden sich außerdem einige Vulkane. Brechen diese aus, ist nicht die in die Luft gespiene Asche das Problem, da diese oft gar nicht durch die dicke Eisschicht bricht: Die Gefahr droht vor allem durch aufgestautes Schmelzwasser. Reißende Sturzfluten sind die Folge, die sich dann unerbittlich einen Weg ins Tal, also an die bewohnte Küste bahnen.

James Bond hat etwas verpasst, ihm blieb hier keine Sekunde Ruhe vergönnt. Es lohnt sich aber, sich diese zu nehmen und die unendlichen Weiten dieser weißen Urkraft auf sich wirken zu lassen.

Wo und wann?

Südlich von Egilsstaðir, an der Straße 933, befindet sich das Skaftafellsstofa Visitor Center.

Wichtiges

UNESCO-Weltkulturerbe, Infos vor Ort: Infozentrum Vatnajökull Nationalpark, https://www.vatnajokulsthjodgardur.is. Gegenüber befindet sich das Museum Skriðuklaustur, das Haus des Autors Gunnar Gunnarson und Reste einer Ausgrabung eines Klosters aus dem 15. Jahrhundert.

Gletscherexkursionen verschiedener Anbieter: https://visitvatnajokull.is/activity/
Filme: Auf dem Vatnajökull wurden nach *A View to a Kill* auch noch andere Filme gedreht, z. B. *The Secret Life of Walter Mitty*, *Batman Begins* und Szenen aus *Game of Thrones*.

Geologische Farbenpracht in wundervoller Natur.

Es sind die unglaublichen Farben, die diesen Flecken im Hochland Islands zu einem magischen Ort machen. Die verschiedenen Gesteinsarten zaubern eine Welt aus bunten Tönen, die die Menschen in ihren Bann ziehen.

Eine Welt der Gegensätze

Zahllose Reisende nehmen den nicht ganz einfachen Weg nach Landmannalaugar im Naturschutzgebiet Fjallabak auf sich, um von hier aus bei Wander- oder Trekkingtouren die einzigartige Landschaft hautnah zu erleben. Bei der Anreise sollte man sich nicht entmutigen lassen, wenn schwarzbrauner Lavastaub über kahle Flächen geblasen wird oder man an schwarzen Lavafeldern und Berghängen vorbeifährt, die lediglich von dunklem Moos bewachsen sind. Endlich kommt man an eine Stelle, an der man zum ersten Mal die vielfarbigen Berge sieht. Und wenn dann die Sonne darauf scheint, hat man das Gefühl, die Berge leuchten von innen, so stark strahlen die Farben. In braun, gelbbraun und rot in vielen Schattierungen, aber auch in bläulich, grau und weiß zeigen sich die Hügel und Berge. Das leuchtende Gelb von Schwefelablagerungen fehlt ebenso wenig wie der schwarze Glanz von Obsidian. All diese Farbenpracht ist durchsetzt von vereinzelten, letzten Schneeflecken und grünem Moos. Grellgrüne Mooskissen zeigen an, wo hier eine heiße Quelle zu finden ist. Man kann sich nicht sattsehen und staunt und bewundert.

Unberührte Natur

Von Landmannalaugar aus kann man wunderschöne Touren unternehmen, sowohl eintägige als auch mehrtägige. Die Landschaft bietet hier eine solche Vielfalt an vulkanischen Phänomenen: erstarrte Lava von kuscheligem Moos überwachsen, aktive Fumarolen und blubbernde Schlammlöcher, heiße Quellen (nach denen der Ort auch benannt ist), Berge, Schluchten und Täler. Selbst das Wasser in Seen und Maaren zeigt oftmals interessante Farben, und in den sich schlängelnden Flussläufen spiegeln sich der Himmel und die vorbeiziehenden Wolken. Wer einmal hier war, versteht, warum dieser Ort einen besonderen Platz im Herzen der Isländer einnimmt.

Wo?

Landmannalaugar im Naturschutzgebiet Fjallabak, Straße1, F26, F208 von Westen kommend oder Straße 1 und F208 von Osten kommend; Übernachtungen: https://www.fi.is/en/mountain-huts/all-mountain-huts/landmannalaugar

Wann?

Die Straßen ins Hochland sind ungefähr von Ende Juni bis Mitte September offen. Im Winter gibt es das Angebot von Super Jeep und/oder Snowmobiletouren in diese Gegend.

Wichtiges

F-Straßen sind nur für Geländewagen zulässig, die meisten Versicherungen von Mietwagen schließen eine Haftung für Schäden bei Flussquerungen aus. Das Wasser in Flüssen ist am Abend höher als morgens.

Eine ganz heiße Sache. Erlebnis Vulkanausbruch.

Island ist geologisch gesehen eines der jüngsten Länder der Erde und ständig in Bewegung. Da es zudem noch auf einem Hotspot zwischen zwei Erdplatten liegt, ist es nicht verwunderlich, dass jährlich zehntausende von Erdbeben das Land durchschütteln und regelmäßig Vulkane erwachen, die die einzigartige isländische Landschaft erschaffen.

Das Tor zur Hölle

Hekla ist einer der bekanntesten und auch aktivsten Vulkane der Insel. Man begegnet der Königin der isländischen Feuerberge am besten mit gebührendem Respekt, denn mittelalterlichen Überlieferungen zufolge dienten die verheerenden Ausbrüche der Hekla den Klerikern als Beweis dafür, dass es sich hier eindeutig um das Tor zur Hölle handeln müsse. Und jeder weitere Ausbruch war eine Bestätigung dafür, dass es die Hölle tatsächlich gab (es heißt nicht von ungefähr „What the heck"). Hekla ist unberechenbar und kann sowohl Lavaströme als auch riesige Massen an Brocken, Staub und Asche ausspucken, was zu verschiedenen Krisen im Land geführt hat. Ganze Landstriche wurden begraben, giftige Gase ließen Vögel, Fische und Nutztiere verenden. Manchmal dauerte ein Ausstoß Jahre, dann wieder nur wenige Tage. Das Unvorhersehbare bringt Hekla ihren gefährlichen Ruf ein. Doch bei der Erstbesteigung 1750 konnten zwei Naturforscher eindeutig beweisen, dass das Höllentor hier jedenfalls nicht zu finden ist.

Das große Warten

Ist man im Süden Islands unterwegs, wird man vom Anblick Heklas begleitet. Manchmal erstrahlt die Schneekappe im Sonnenlicht, an anderen Tagen ist der Berg von einer Wolkendecke eingehüllt, als trüge er eine Mütze. Statistisch gesehen rechnet man jederzeit mit einem neuen Ausbruch, vor allem weil sich der Druck in der Magmakammer unter dem Vulkan erhöht. Doch was heißt das schon in geologischen Dimensionen? Auf ein paar Jahrzehnte hin oder her kommt es einem Vulkan nicht an. Und so wartet man weiter gespannt, denn Hekla kündigt im Gegensatz zu vielen anderen Vulkanen einen Ausbruch nicht mit tagelangem Rumpeln unter der Erde an, sondern kann innerhalb weniger Stunden oder sogar Minuten ausbrechen.

Hat man die Möglichkeit, einen Vulkan bei einem Ausbruch zu besuchen: nicht versäumen! Es ist ein unbeschreibliches Erlebnis, den Klang, die Farben, die Kraft der Natur zu erleben und den Magmastrom nur ein paar Meter vor den eigenen Schuhen ins Tal hinabwälzen zu sehen.

Wo?

Hekla, Südisland;
oder jeder der vielen anderen Vulkane, die Island beheimatet. Am interessantesten ist immer der, der gerade aktiv ist und Lava und Gesteinsbrocken spuckt.

Wann?

Ganzjährig; Vulkanausbrüche sind höchstens ein paar Stunden im Voraus vorhersagbar. Niemand weiß, wie groß ein Ausbruch werden wird, wie er sich entwickeln und wie lange er dauern wird. Es bleibt also immer spannend.

Wichtiges

Sollte man einen Vulkanausbruch aus der Nähe miterleben, gilt: Immer und zuallerst auf die eigene Sicherheit achten. Ein Schritt kann über Leben und Tod entscheiden.

»Man begegnet der Königin der isländischen Feuerberge am besten mit gebührendem Respekt«

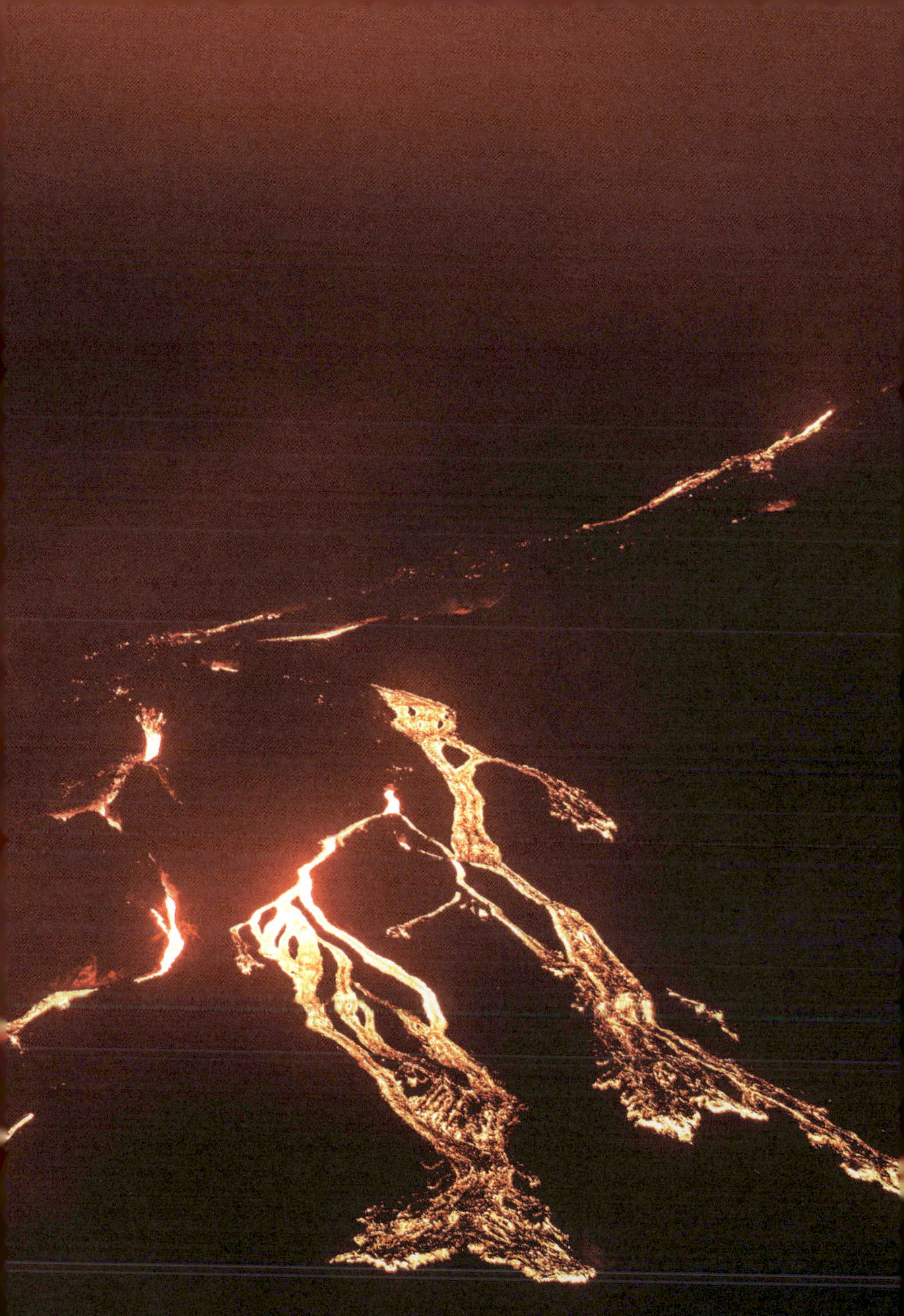

HEKLA, VULKAN

Die Anstrengung lohnt sich: Wildes, grünes Wanderparadies.

Geschützt von Bergen liegt zwischen mächtigen Flussläufen ein wunderschönes Stück wildes Island, das (Tages-) Ausflüglern anspruchsvolle Wanderungen mit spektakulären Ausblicken verspricht. Muskelkraft ist nötig, denn man muss aus dem grünen Tal erst einmal aufsteigen auf die umringenden Gipfel und Bergketten.

Die Anreise ist das erste Abenteuer

Im Süden der Insel gelegen schafft man den größten Teil des Weges bequem auf der Straße 1, doch die letzten Kilometer haben es in sich. Beim Fluss Markarfljót biegt man auf der Schotterpiste ins Inland ab und wenn diese endet, dann warten einige selbst für erfahrene Geländefahrer herausfordernde Furten über die Flüsse Markarfljót und Krossá. Die Krossá ist dafür bekannt, dass sich ihre Wasserhöhe und der Verlauf des Flusses sehr schnell ändern können, da bleibt schon mal das eine oder andere Auto im Flussbett stecken. Deshalb reisen viele mit dem Bus. Die geländegängigen Busse können die Strecke erstaunlich gut bewältigen und fahren alle Übernachtungsmöglichkeiten an.

Grüne Oase

In der oft kargen Natur Islands wirkt Þórsmörk wie ein grüner Tupfen. Umgeben von Bergen und Gletschern ist es im Tal feuchter und vom Wind geschützt etwas wärmer, weshalb hier Birken, Moose und Farne gut gedeihen. Aber auch Nebel bildet sich leichter, wodurch die zerklüfteten Bergrücken auftauchen oder wieder verschwinden. An sonnigen Tagen bietet sich dem Betrachter jedoch ein wunderbarer Ausblick auf grüne Berge, eisbedeckte Gipfel und die glitzernden Arme der Gletscherflüsse, die durch den schwarzen Sand mäandern. Þórsmörk ist auch das Ziel zweier beliebter Wanderrouten. Die Laugavegur-Route beginnt in Landmannalaugar und endet hier nach drei Tagen mit Lavafeldern, Rhyolitbergen, Schluchten und Gletschern. Die Fimmvörðuháls-Wanderung schaffen erfahrene Wanderer in einer langen Tour an einem Tag, dabei werden ab dem Skógafoss Wasserfall vorbei an 25 Wasserfällen, zwei Gletschern und einem Vulkan 1100 Höhenmeter überwunden.

Wo?

Straße 1, danach bei Markarfljót Straße F249

Übernachtungsmöglichkeiten: Volcano Huts Þórsmörk, Langidalur Hüttenübernachtung, Básar Hüttenübernachtung und Campingplatz.

Wann?

Normalerweise Mai bis Ende Sept. Am ersten Juliwochenende feiern zahlreiche Jugendliche den Sommeranfang. Am Verslunarmannahelgi (Wochenende erster Montag im Aug.) ist viel los: unbedingt Unterkunft im Voraus buchen.

Wichtiges

Vor einer Wanderung Wetterverhältnisse checken: www.vedur.is; Reisevorbereitungen: www.safetravel.is; Mit seiner Kleidung sollte man auf starke Wetterumschwünge vorbereitet sein.

Der Schatz unter dem Wasserfall. Vom großen Reichtum träumen.

Er ist mächtige 60 Meter hoch und 25 Meter breit. Damit ist Skógafoss nicht der höchste und kräftigste Wasserfall Islands, aber der sagenumwobenste, denn dort soll ein Goldschatz versteckt sein. Der Sage nach hatte vor langer Zeit Þrasi Þórólfsson, ein schwerreicher Bauer aus der Gegend, das Gefühl, dass seine Nachkommen – man ahnt schon was da kommen mag – sich nur um sein Erbe streiten würden. Das aber wollte Þrasi vermeiden, und so beschloss er, sein gesamtes Gold in einer Kiste zu verstauen und in den See hinabzulassen, der sich am Fuß des Wasserfalls bildet (die Nibelungensaga lässt grüßen). Tatsächlich hat es bis heute noch niemand geschafft, den Schatz zu heben. Wer sich also berufen fühlt, stark genug ist und den Mut hat, sich in die prasselnden Fluten des Skógafoss zu begeben, kann hier auf der Stelle reich werden.

Trügerischer Reichtum

Aber man sei gewarnt: Bisher war nur ein Versuch erfolgreich – fast wenigstens. Tatsächlich schafften es ein paar Kraftprotze, ein Seil um einen der Tragegriffe der Kiste zu winden. Zurück am Ufer zogen sie mit aller Kraft daran. Dann machte es einen Ruck und sie fielen hinterrücks auf ihren Hosenboden. In der Hand hatten sie aber nur den Tragegriff. Dieser liegt heute, quasi als Beweis dafür, dass es den Schatz von Þrasi wirklich gibt, im Museum Skógasafn, nur ein paar hundert Meter entfernt.

Ein Wasserfall folgt auf den anderen

Skógafoss ist der letzte einer ganzen Kaskade an Wasserfällen, die sich aus dem Hochland kommend bis an die Küste erstrecken. Herabfallend von der Klippe erschafft die Gischt an sonnigen Tagen Regenbogen, die den Wasserfall besonders zauberhaft erscheinen lassen. An der Ostseite führt ein Pfad hinauf, der bis zur Ausbruchsstelle des Eyjafjallajökull führt. Doch man braucht nur bis oben an die Klippe zu gehen, um mit einer majestätischen Aussicht auf den Wasserfall und die Küste belohnt zu werden. Auch wenn man nicht auf der Suche nach dem Gold ist: Skógafoss ist auf jeden Fall ein wunderbarer Schatz der isländischen Natur, der entdeckt werden will.

Wo?

Im Süden an der Ringstraße 1, Museum: Skogasafn 1, 861 Skógar, www.skogasafn.is

Wann?

Das ganze Jahr über; Museum: Juni–Aug. 9–18 Uhr, Sept.–Mai 10–17 Uhr.

Wichtiges

Das Skógamuseum ist nur ein paar hundert Meter entfernt. Dort gibt es u. a. einen Kamm und eine Haarspange, die Elfen den Menschen zum Dank für Geburtshilfe geschenkt haben.

Schwarzer Sand und Legenden, die sich um ein Trollschiff ranken.

Ein beliebter Ort ist er, dieser südlichste Zipfel auf dem isländischen Festland. Nicht wegen seiner Tankstelle – Vík gilt als natürlicher Stopp sowohl von Reykjavík (gut zwei Stunden) als auch vom Osten her kommend –, sondern der besonderen Strände wegen.

Ein mystischer Ort

Die Magie dieses Ortes macht der schwarze Sandstrand aus, umspült von einem gerne unterschätzten Unterstrom. Ein Gedenkstein weist auf ertrunkene deutsche Hochseefischer hin und dankt den isländischen Seenotrettern, die viele andere retten konnten. Als Strandgänger sollte man sich vor den Wellen in Acht nehmen. Auf den einschlägigen digitalen Kanälen gibt es immer wieder Videos von Besuchern, die sich zu weit an die Wasserlinie getraut haben und von einer unerwartet gierigen Welle mit ins Meer gerissen wurden. Und nicht immer hat das Meer sie wieder freigegeben.

Trollgeschichten

Kurz vor dem Strand tut sich eine Felsformation im Meer auf: Reynisdrangar. Schaut man genau hin, erkennt man, dass es sich hierbei um einen der eindeutigsten Beweise für die Existenz von Trollen handelt. Generationen von Isländern sind sich einig: Hier ragt ein Trollschiff aus dem Wasser.

Warum es vor der Küste ankert und niemals an Land kommt? Nun, Trolle leben im Fels, trauen sich nur nachts nach draußen. Sind sie jedoch nicht wieder zurück, bevor die ersten Sonnenstrahlen auf sie scheinen, verwandeln sie sich augenblicklich zu Stein. Man kann vor seinem inneren Auge geradezu miterleben, wie sich die Tragödie um die Trollbesatzung des Schiffes zugetragen hat. Als der Morgen dämmerte und die Sonne über dem Horizont die ersten Strahlen des Tages über die Wellen schickte, geschah, was geschehen musste.

Wäre nun die Moral von der Geschicht', dass Pünktlichkeit eine Tugend ist, so fühlen sich die Isländer bis zum heutigen Tag davon eher nicht angesprochen. Sie genießen lieber das Knirschen des schwarzen Lavasandstrandes unter ihren Füßen und bewundern die Schiffsbaukunst der Trolle von vor langer Zeit.

Wo?
Im Süden an der Ringstraße 1

Wann?
Das ganze Jahr über

Wichtiges
Im Frühsommer brütet eine große Kolonie von Papageitauchern in den Hügeln Víks.

Klein, aber oho: Eine Insel im Miniaturformat mit großer Geschichte.

„Hast du auch deinen Ausweis dabei?", wird man scherzhaft gefragt, wenn man erzählt, dass man die Hauptinsel verlassen und die Vestmannaeyjar, die Westmännerinseln besuchen möchte. Eigentlich handelt es sich um eine ganze Inselkette ein paar Kilometer südlich des Hauptlandes, aber nur Heimaey, die größte der Inseln, ist bewohnt. Und die Einwohner der nur circa 38 Kilometer langen und 30 Kilometer breiten Insel gelten schon immer als etwas anders.

Zwei dramatische Ereignisse haben im Lauf der Jahrhunderte die Insel geprägt, und kommt man mit ihren Bewohnern ins Gespräch sind sie beinahe unabdingbarer Bestandteil der Konversation.

Tyrkjaránið – der Türkenüberfall

Am 16. Juli 1627 überfielen Korsaren aus Algier, damals Teil des Osmanischen Reichs, die Westmännerinseln, steckten Häuser in Brand, ermordeten viele Einwohner und verschleppten 242 Einwohner aus Heimaey sowie 58 weitere Küstenbewohner des Festlands, um sie als Sklaven zu verkaufen. Erst viele Jahre später gelang es, wenigstens 50 von ihnen wieder freizukaufen.

Eldfell – der Vulkanberg

Schon zwei Tage vor den Geschehnissen gab es kleinere Erdbeben auf der Insel. Das war aber an sich nichts Ungewöhnliches. Auch war es recht stürmisch, sodass die gesamte Fischereiflotte schon seit Tagen im Hafen lag. Auch das kam vor. Aber am 23. Januar 1973 öffnete sich völlig unerwartet um 1.55 Uhr eine Lavaspalte, die nur einen Kilometer von der Stadt entfernt lag und schnell auf 800 Meter Länge anwuchs. Jetzt erwies es sich als Glück, dass die gesamte Flotte im Hafen lag. So schnell wie möglich wurden praktisch alle 5300 Einwohner auf die Schiffe evakuiert und nach Reykjavík gebracht.

Der Ausbruch dauerte bis zum 26. Juni und zerstörte mehr als 400 Häuser Eindrucksvoll lässt sich dies im Museum Eldheimar nachvollziehen. Oder man wandert, unter Begleitung, auf den Eldfell, nimmt eine Metalldose mit Brotteig mit, steckt diese eine halbe Armlänge tief in die immer noch mehr als 300 °C heiße Erde und genießt eine halbe Stunde später frisch gebackenes Brot.

Wo?

Von der Straße 1 auf die 254 zum Hafen Landeyjahöfn, praktisch gegenüber des Wasserfalls Seljalandsfoss mit der Fähre (ca. 30 Minuten): www.herjolfur.is.
Ist der Hafen mal wieder versandet, fährt die Fähre von Reykjavík ab (3,5 Stunden).

Wann?

Das ganze Jahr über, sinnvoll aber eher im Sommer, dann findet auch das Outdoorfestival statt: Þjóðhátíð, immer am Wochenende vor dem 1. Montag im August, seit 1874: www.dalurinn.is

Wichtiges

Das Museum zum Vulkanausbruch: www.eldheimar.is.
Ein absolut kulinarisches Highlight: Slippurinn. Chefkoch Gísli Matt ist ein Allroundtalent, das selbst gärtnert und fischt, nur im Sommer geöffnet: www.slippurinn.com

Hier ist mein Soul Place

Impressum

Sabine Burger, Alexander Schwarz
Soul Places Island – Die Seele Islands spüren

Soul Places ist eine Marke von
Reise Know-How Verlag Peter Rump GmbH,
Osnabrücker Str. 79, 33649 Bielefeld

1. Auflage 2024

ISBN 978-3-8317-3755-0

Printed in Germany

Druck und Bindung: Druck- und Verlagshaus Zarbock GmbH & Co. KG, Frankfurt

Idee und Konzept: Wayan Rump
Gestaltung und Bearbeitung: der Verlag
Fotonachweis: Cover: AdobeStock evenfh | Soul Place 9: (links unten 2) AdobeStock Olga Begak Art | 20: (oben 1) AdobeStock Up in the North | 38: (rechts unten 3) AdobeStock Linda Harms | 41: (2) AdobeStock Chris | 61: (1) AdobeStock Napatsan | 64: (1) AdobeStock JFL Photography | 65: (1) AdobeStock Lukasz Janyst | 68: (1) AdobeStock Gabi Gaasenbeek | 70: (1) AdobeStock Jearu | 75: AdobeStock (1) neurobite, (2) peresanz | 77: (1) AdobeStock inspi | 78: (1) AdobeStock Ivan Kmit | 80: (1) AdobeStock surangaw
Alle weiteren Bilder:
Sabine Burger, Alexander Schwarz

Bibliografische Information der Deutschen Nationalbibliothek
Die Deutsche Nationalbibliothek verzeichnet diese Publikation in der Deutschen Nationalbibliografie; detaillierte bibliografische Daten sind im Internet über http://dnb.dnb.de abrufbar.

Reise Know-How-Bücher finden Sie in allen gut sortierten Buchhandlungen.
Falls nicht, kann Ihre Buchhandlung unsere Bücher hier bestellen:
D: Prolit, prolit.de und alle Barsortimente
A: Freytag-Berndt und Artaria KG, freytagberndt.com
CH: AVA Verlagsauslieferung AG, ava.ch
B, LUX, NL: Willems Adventure, willemsadventure.nl
oder direkt über den Verlag:
www.reise-know-how.de

Wir freuen uns über Kritik, Kommentare und Verbesserungsvorschläge, gern per E-Mail an info@reise-know-how.de.